한국전쟁의 여섯 가지 얼굴

한국 전쟁의 여섯 가지 얼굴

공간 · 이동 · 사람 · 파괴 · 기억 · 국가 권력

김한종 글

책과함께어린이

저자의 말

한국 전쟁은 우리에게 어떤 얼굴로 남았을까요?

한국 전쟁은 한국 현대사에 가장 큰 영향을 미친 사건 중 하나입니다. 다른 나라의 세계사 책들에서도 빠짐없이 다룰 만큼 세계적으로도 중요한 사건입니다. 전쟁은 한국 사회와 사람들에게 깊은 영향을 미쳤으며, 전쟁이 끝난 지 거의 70여 년이 된 현재까지도 그 자취는 이곳저곳에서 찾아볼 수 있습니다. 그러기에 우리는 초·중·고등학교에서 한국 전쟁을 반복해서 배우며, 전쟁이 시작된 6월 하순이 되면 그 기억을 되새기고는 합니다.

한국 전쟁의 중요성만큼이나 이를 주제로 한 책들이 적지 않게 나왔습니다. 그중에는 어린이나 청소년을 대상으로 하는 책들도 있습니다. 대부분 한국 전쟁이 왜 일어났으며, 어떻게 전개되었는지 쓰고 있습니다. 한때는 북한군이나 중국군의 위협에 맞서 국군과 국제 연합군이 어떻게 용감히 싸웠는지를 중점적으로 쓰기도 했습니다.

근래에는 전쟁으로 굳어진 남북 분단의 비극을 보여 주거나 평화의 중요성을 강조하고 때로는, 전쟁 때문에 생겨난 가슴 아픈 이야기를 전하기도 합니다. 그렇지만 저는 한국 전쟁이 우리 사회와 사람들에게 어떤 모습으로 남아 있는지 보여 주고 싶었습니다. 그런 모습을 이 책에서는 '얼굴'이라는 말로 표현했습니다.

한국 전쟁은 3년 1개월간 일어난 하나의 사건이지만, 하나의 얼굴만 하고 있는 것은 아닙니다. 여러 집단이나 계층 사람들에게 다른 얼굴로 다가왔으며, 그 얼굴은 시기에 따라 달라졌습니다. 경제와 사회, 문화의 각 분야에서도 한국 전쟁은 다른 얼굴로 기억됩니다. 직접 전쟁을 경험하거나 전쟁 직후에 살았던 사람들이 떠올리는 한국 전쟁의 얼굴은 여러분이 떠올린 모습과는 크게 다를 것입니다. 그렇지만 우리 삶 속에 들어온 전쟁의 얼굴은 지금도 여전히 남아 있습니다.

  이 책에서는 한국 전쟁의 이런 여섯 가지 얼굴을 이야기하려고 합니다. 그 얼굴은 지역에서 찾아볼 수도 있고, 사람의 모습을 바꾸기도 했습니다. 문화 예술 분야에 나타나기도 하고 국가 권력으로 바뀌기도 했습니다. 그렇지만 한국 전쟁의 얼굴이 가장 잘 나타나는 것은 우리의 마음속입니다. 그렇지만 우리는 일상생활에서 이를 별로 의식하지 않고 살아갑니다.

  이 책은 한국 전쟁 직후부터 오늘날까지 사회에 나타나는 한국 전쟁의 모습을 그리고 있습니다. 그래서 한국 전쟁이 단지 70여 년 전에 있었던 역사적 사건이 아니라, 세월이 흘러 겉모습은 많이 바뀌었지만 현재에도 여전히 계속되는 문제라는 것을 말하고 싶었습니다.

  이 책이 여러분에게 한국 전쟁이 한국 현대사의 매우 중요한 사건임을 아는 것을 넘어서 우리 사회와 사람들에게 어떤 얼굴을 보여 주었는지 생각해 보는 기회가 되었으면 합니다. 그래서 기존 세대가 만들어 놓은 한국 전쟁의 얼굴을 여러분은 어떻게 바꾸려고 할지 책을 쓴 사람으로서 기대가 됩니다. 여러분은 사회를 구성하는 당당한 한 사람의 주체이고, 사회는 그런 여러분의 생각으로 바뀔 것이기 때문입니다.

2021. 6. 저자 김한종

차례

◆ 들어가며　조용히 다가온 전쟁　　　　　　　　　　　　9

1장　전쟁이 만든 장소 · 공간 ·

1 아바이 마을 : 위치도 사람도 북한과 가까운 마을　　　15
2 국제 시장 : 피란민이 세계 여러 나라 물건을 팔던 곳　　21
3 철원 : 남과 북이 갈라지고 만나는 고장　　　　　　　　25
4 위령비 : 한국 땅에서 죽어간 외국 젊은이들　　　　　　31
◆ 한국 전쟁이 남긴 음식　　　　　　　　　　　　　　　38

2장　전쟁으로 바뀐 삶의 터전 · 이동 ·

1 북에서 남으로 내려오다 : 배를 타고, 부서진 철교를 넘어서　47
2 남에서 북으로 올라가다 : 사상을 따르거나 북한군에 이끌려　51
3 산속 생활을 하다 : 남과 북에서 버림받은 빨치산　　　　55
4 제3 세계를 택하다 : 남과 북을 모두 거부한 포로들　　　60
◆ 한국 전쟁 노래　　　　　　　　　　　　　　　　　　65

3장 전쟁을 몸으로 겪은 사람들 ·사람·

1 전쟁 고아 : 고아원에서, 하우스보이로   73
2 해외 입양 아동 : 태어난 조국 남북한이 돌보지 않은 아이들   77
3 전쟁 미망인과 기지촌 여성 : 가정의 생계를 책임져야 했던 여성들   82
4 헤어진 가족 : 남과 북으로 갈려서, 남한 안에서도 만나지 못하는 사람들   88
◆ 전쟁으로 달라진 교육의 모습   93

4장 전쟁이 무너뜨린 것 ·파괴·

1 생명과 산업 시설 : 전쟁만을 위한 폭력   101
2 빨갱이와 반동분자 : 남북 사람들의 마음의 거리   107
3 마을 사람들의 마음 : 이웃사촌이 철천지원수로   111
4 남과 북의 왕래 : 마음까지 닫힌 분단   116
◆ 한국 전쟁으로 파괴된 문화재, 파괴를 모면한 문화재   121

5장 사라진 인물, 남은 이름 ·기억·

1 김규식 : 분단된 남북을 거부한 독립운동가 129
2 박열 : '조국'의 사회에서도 적응하지 못한 무정부주의자 134
3 이광수 : 짧은 북한 생활을 한 '천재' 친일파 140
4 무정 : 북에서도 환영 받지 못한 조선 의용군 사령관 145
◆ 한국 전쟁을 주제로 한 영화 149

6장 전쟁의 이용 ·국가 권력·

1 남한 : 폭력배를 동원한 헌법 개정 155
2 북한 : 경쟁자를 숙청하고 김일성 1인 체제로 160
3 일본 : 패전을 떨쳐내고 경제 성장의 길로 164
4 중국 : 공산주의의 새로운 지도국으로 169
◆ 전쟁으로 생겨난 놀이 173

◆ 나오며 조용히 계속되는 전쟁 177

들어가며

조용히 다가온 전쟁

한국 전쟁은 1950년 6월 25일부터 1953년 7월 27일까지 한반도에서 일어난 전쟁을 말합니다. 3년 1개월간 계속된 한국 전쟁에는 남과 북은 물론, 남한을 지원한 미국을 비롯한 16개 나라, 북한을 지원한 중국, 그 밖에 여러 나라가 직접, 간접으로 참여하였습니다. 전쟁이 멈춘 다음에도 남과 북의 한국 사회와 사람들은 그 그늘에서 쉽게 벗어날 수 없었습니다.

한국 전쟁은 흔히 '6·25 전쟁'이라고 부릅니다. 교과서에도 6·25 전쟁이라고 쓰여 있습니다. 6·25 전쟁이란 1950년 6월 25일에 시작된 전쟁이라는 뜻입니다. 그렇지만 국제 사회에서는 보통 '한국 전쟁', 영어로는 'Korean War'라고 합니다. 한국에서 일어난 전쟁이기 때문입니다. 이 전쟁은 한국뿐 아니라 세계에 큰 영향을 미쳤습니다. 언제 시작되었는지에 초점을 맞춘 '6·25 전쟁'이란 표현은 전쟁의 역사적 의미를 제대로 반영하기 어렵습니다. 국제 사회에서는 '한국 전쟁'이라고 하더라도, 전쟁의 당사자이면서 전쟁의 무대가 된 한반도에 살고 있는 우리가 이 말을 쓰는 것은 적당하지 않다는 주장도 있습니다. 그렇지만 이 전쟁은 우리끼리만 싸운 것이 아니라 많은 나라들이 참가했습니다. 그리고 전쟁이 일어난 원인도 남한과 북한의 관계만이 아니라 세계정세가 커다란 배경이었습니다. 그런 뜻에서 이 책에서는 '6·25 전쟁' 대신 '한국 전쟁'이라고 표현하겠습니다.

전쟁이 일어나기 2년 전인 1948년 남과 북에는 북위 38도선을 경계로 별개의 정부가 성립하였습니다. 남한에는 대한민국 정부가, 북한에는 조선 민주주의 인민 공화국 정부가 들어선 것입니다. 대한민국 정부는 자유 민주주의를, 조선 민주주의 인민 공화국 정부는 공산주의 사상을 내세웠습니다. 남북 정부 모두, 자신들이 남한이나 북한만을 통치하는 것이 아니라 한반도 전체를 대표한다고 주장했습니다. 38도선을 경계로 남북이 나뉜 것은 일시적인 상황이며 궁극적으로 자신들의 힘으로 통일을 이루겠다고 주장했습니다.

남북 정부의 갈등은 커져 갔습니다. 상대방을 비판하는 목소리는 높아지고 적지 않은 충돌이 일어났습니다. 38도선 일대에서는 총과 대포를 동원한 전투도 벌어졌습니다. 그러나 이런 움직임이 전쟁으로 이어질 것으로 생각하는 사람들은 거의 없었습니다. 독립한 지 몇 년 지나지 않았기 때문에, 많은 사람들은 분단이 일시적이고 이런 갈등도 대화와 타협으로 해결될 수 있다고 생각했습니다.

그렇지만 상대방을 힘으로 쓰러뜨리고 통일을 이루겠다는 무력 통일의 생각도 나왔습니다. 실제로 이런 준비를 적극적으로 한 것은 북한 정부였습니다. 북한은 병력을 늘리고 무기를 현대화하는 등 군사력을 강화했습니다. 이어 소련과 중국을 설득하여 전쟁을 일으키는 데 동의를 얻어냈습니다. 소련과 중국은 당시 가장 강력한 공산 국가이면서, 전쟁이 일어나면 북한이 지원을 받아야 하는 나라이기 때문입니다. 준비가 되었다고 생각한 북한은 1950년 6월 25일 마침내 38도선을 넘어 남쪽을 향해 전면적인 공격을 시작했습니다. 대부분의 사람들은 이렇게 다가온 전쟁을 예상하지 못했습니다. 그래서 미처 마음의 준비도 하지 못한 사람들에게 더 큰 충격을 안겼고, 한국 사회와 사람들의 삶을 크게 바꾸었습니다. 전쟁은 한국 사회에 어떤 모습을 남겼을까요? 그리고 전쟁으로 바뀐 사람들의 삶은 어떠했을까요?

1장

전쟁이
만든 장소

· 공간 ·

1 아바이 마을

위치도 사람도 북한과 가까운 마을

'아바이'라는 말을 들어 보셨나요? 만약 들어 보았다면 가장 먼저 무슨 생각이 떠오르나요? 저 같은 세대에는 텔레비전 개그 프로그램에서 북한 공산당원이 남자 어른들을 부를 때 사용하는 '아바이 동무'라는 말이 금방 생각납니다. 정말로 북한 사람들이 일상생활에서 이 말을 그렇게 널리 사용하는지는 모르겠지만 '아바이'는 남한에서 쉽게 떠올릴 수 있는 가장 대표적인 북한 사투리가 되었습니다. 그런데 강원도 속초시에는 '아바이 마을'이 있습니다. 행정 구역상으로는 청호동이지만 사람들은 보통 이곳을 '아바이 마을'이라고 부릅니다. 이곳은 어떻게 해서 아바이 마을이 되었을까요?

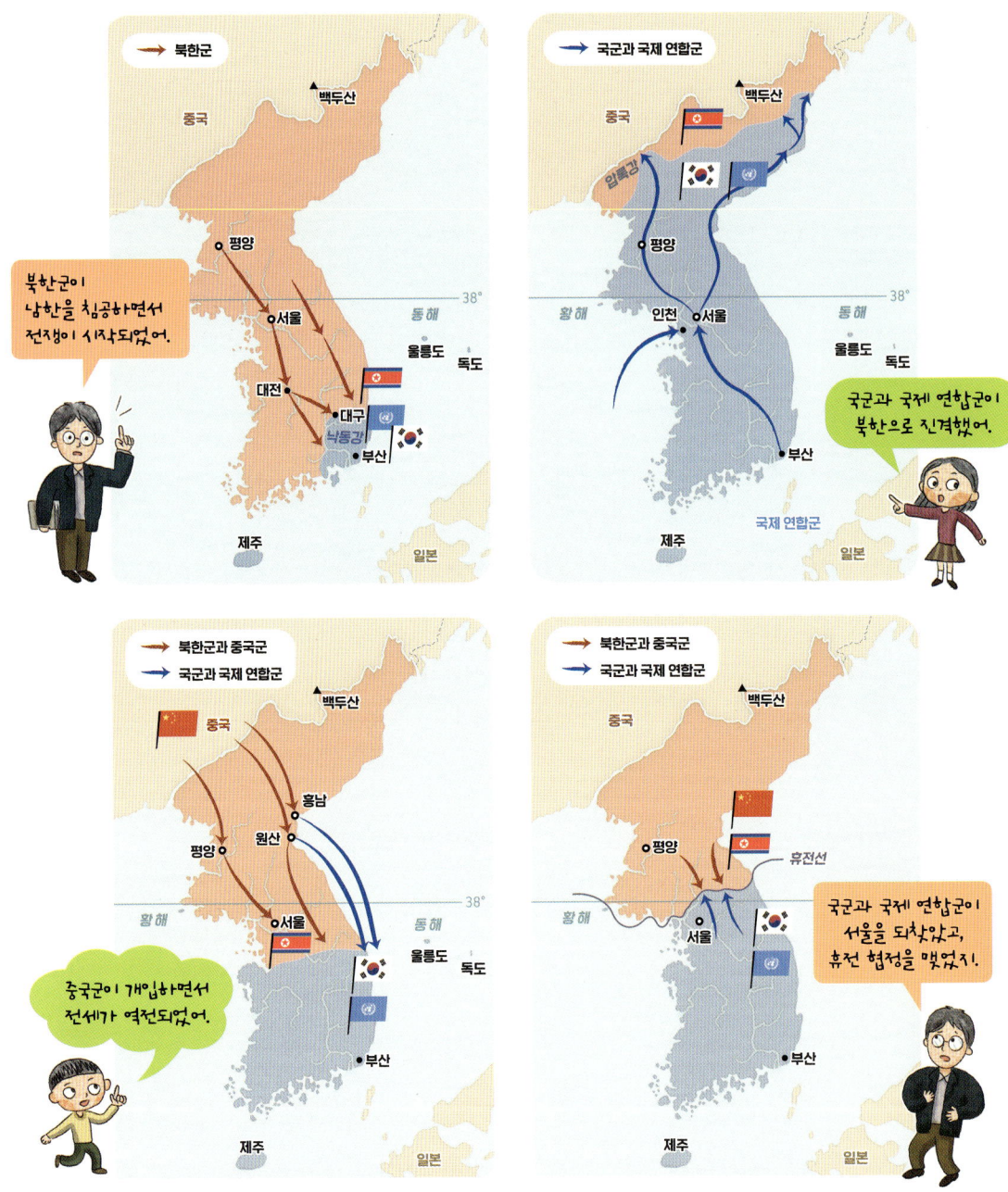

한국 전쟁의 여섯 가지 얼굴

오늘날 아바이 마을에 있는 아바이상

한국 전쟁 초기 국군과 국제 연합(UN)군은 북한군(정식 명칭은 '조선 인민군'이지만, 이 책에서는 흔히 사용하는 대로 북한군으로 표기)에 밀려 경상도의 낙동강까지 후퇴했습니다. 그러나 점차 전열을 정비하여 북한군의 공격을 저지하고 인천 상륙 작전의 성공으로 전세를 바꾸었습니다. 반격에 성공한 국군과 국제 연합군은 38도선을 넘어 북한 깊숙이 진격하여 압록강에 이르기도 했습니다. 그러나 중국군('중국 인민 지원군'이라는 이름으로 전쟁에 참가함. 그렇지만 이 책에서는 교과서나 그 밖의 책에서 흔히 사용하는 대로 '중국군'으로 표기)의 개입으로 또 다시 남쪽으로 후퇴하게 되었습니다. 이때 적지 않은 북한 사람들도 함께 남쪽으

한국 전쟁 당시 아바이 마을

로 피란하였습니다. 함경도 사람들은 주로 배를 타고 부산과 경상남도로 왔습니다.

많은 사람들은 전쟁이 끝나면 고향으로 되돌아갈 수 있을 것으로 생각했습니다. 그러나 전쟁이 끝나고 생긴 휴전선은 남과 북을 갈라놓고 오가지 못하게 만들었습니다. 이들은 고향을 잃어버린 사람들, 즉 실향민이 되었습니다.

부산과 경상남도로 피란한 함경도 사람들도 자신의 고향으로 돌아갈 수 없게 되었습니다. 고향을 그리워하던 함경도 실향민 중 일부는 남한 중 고향 땅에 가장 가까운 속초에서 살아가기 시작하였습니다. 그래서 이곳을 함경도 사람들이 모여서 사는 마

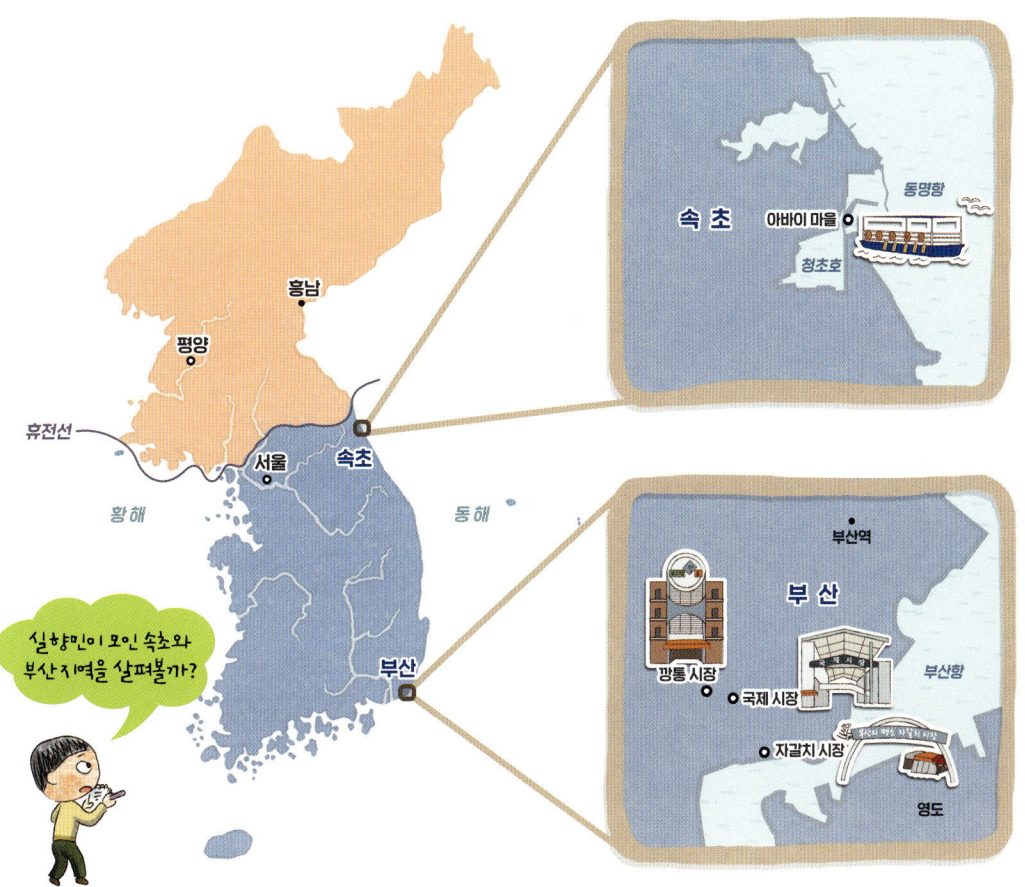

을이라는 뜻으로 '아바이 마을'이라고 부르게 되었습니다. 북한 출신 사람들이 모여 살았으니까 위치뿐 아니라 사람들도 북한과 친숙한 마을이네요. 물론 남자뿐 아니라 여자들도 함께 사니까 아바이 마을은 아바이와 오마니(나이 든 여성을 가리키는 북한 사투리) 의 마을입니다.

해방 이전 속초에는 북한 금강산 근처의 장전항이나 원산항을 오가는 배가 드나들었습니다. 그만큼 북한 사람의 왕래가 많았던 곳입니다. 이들은 이곳에 모여 북한 쪽을 바라보면서 고향을 생각하고, 함경도 사투리로 이야기를 나누면서 고향에 가 볼 수 있는 날을 손꼽아 기다렸습니다. 아바이 마을은 원래는 한적한 백사장으로, 고기잡이배가 드나들거나 잡은 고기를 보관하는 장소였습니다. 그러나 이들이 이주하여 살면서 어엿한 마을이 되었습니다. 한때는 6천 명이나 되는 사람들이 살던 큰 마을이었습니다.

유래가 알려지면서 아바이 마을은 강원도의 대표적인 관광지가 되었습니다. 많은 사람들이 몰려들면서 아바이 마을에는 1년 내내 사람들이 북적댑니다. 아바이와 오마니들이 북한에서 먹던 순대와 가자미 식해 등도 전국적으로 유명 음식이 되었습니다. 함경도 음식을 파는 음식점들이 들어서고 해마다 가을에는 음식 축제가 열립니다. 그러나 고향인 함경도를 생각하며 이곳에 마을을 만들었던 사람들은 이제 대부분 세상을 떠났습니다. 그들의 2세와 3세가 이곳을 지키고 있지만 도시로 떠나는 사람도 적지 않다고 합니다. 그 자리는 자연히 다른 곳에서 장사하기 위해 들어온 사람들로 채워지고는 합니다. '아바이' 없는 아바이 마을이 되어 가고 있는 셈입니다.

2 국제 시장

피란민이 세계 여러 나라 물건을 사고팔던 곳

'국제 시장'은 무엇을 파는 시장일까요? '국제'라는 말이 붙어 있으니까 높고 근사한 고층 건물에, 각 층마다 들어서 있는 근사한 상점에서 유명 브랜드의 옷과 신발, 핸드백, 시계나 귀금속을 팔까요?

우리나라에서 서울 다음으로 큰 도시인 부산의 한복판에는 '국제 시장'이라는 시장이 있습니다. 국제 시장은 '국제'라는 말의 느낌과는 달리 많은 작은 가게들이 여러 골목에 빼곡하게 들어서 있는 전통 시장입니다. 그런데 왜 국제 시장이라는 이름이 붙었을까요? 실제로 이 시장에서는 세계 여러 나라의 물건들이 사고팔렸을까요?

한국 전쟁이 한창이던 1950년 12월 함경남도 흥남에는 10만 명에 달하는 국군과 국제 연합군이 몰려들었습니다. 압록강까지 진격했다가 중국군에게 밀려 철수하는 병사들이었습니다. 이들과 함께 수만 명의 피란민들도 있었습니다. 군인과 피란민들을 태운 배는 남으로, 남으로 이동하였습니다. 이런 피란민들이 가장 많이 자리를 잡은 곳이 부산입니다. 부산은 한반도의 가장 동남쪽에 있어서 한국 전쟁 때 직접 전투가 벌어지지 않았던 데다가, 사람들이 많이 사는 대도시였기 때문입니다. 집과 땅, 대부분의 살림살이를 버리고 갑자기 새로운 곳으로 옮긴 피란민들이 살아가는 데는 그나마 사람이 많은 곳이 나았습니다.

부산에는 북한에서 내려온 사람들(이들을 '월남민'이라고 부름)뿐 아니라 서울 등 중부 지방에서 전투의 현장에서 벗어나거나, 북한군과 중국군을 피해 내려온 사람들도 많았습니다. 부산에 자리를 잡은 피란민은 35만 명에 달해, 전쟁 직전 50만 명이 채 되지 않던 부산 인구는 전쟁 후 80만 명이 넘게 되었습니다.

사람이 늘어나면 필요한 물건들도 많아집니다. 전쟁 중 부산 여기저기에는 물건들을 사고파는 시장이 생겨났습니다. 생활 터전을 버리고 온 데다가 변변한 직장을 구하기도 힘들었던 피란민들이 그나마 먹고 살 수 있는 길도 장사를 하는 것이었습니다. 시장에는 많은 사람들이 몰려들어 온갖 물건들을 사고팔았습니다. 국제 시장이 처음에 '도떼기시장'이라고 불린 것도 이 때문입니다. 도떼기시장이란 많은 사람들이 모여 여러 종류의 물건들을 사고파는 시끄럽고 무질서한 시장이라는 뜻입니다.

그런데 부산은 외국과 한국을 연결하는 가장 중요한 지역이었습니다. 사람들도, 물건들도 부산항을 통해 외국에서 한국으로 들어왔습니다. 비행기가 있기는 했지만, 지금처럼 발달하지 않았던 한국 전쟁 당시 부산항의 이런 역할은 더 중요했습니다. 전

국제 시장 과거와 현재

쟁에 참전한 국제 연합군 병사 대부분은 부산항에 내렸으며, 이들에게 보급되는 물품도 부산항을 통과했습니다. 때로는 전쟁의 혼란을 이용해 들여온 밀수품들도 있었습니다. 부산의 시장에서는 국내에서 생산된 물건뿐 아니라 외국 물건들도 거래되었습니다. '국제 시장'이라는 이름은 이렇게 해서 붙었으며, 부산을 대표하는 시장으로 자리매김했습니다.

  국제 시장은 1960, 70년대 경제 성장과 더불어 급격히 커졌습니다. 사고파는 물건들도 대부분 외국 것이 아닌 국산으로 바뀌었습니다. 2014년 '국제시장'이라는 영화가 상영되었습니다. 전쟁의 폐허를 딛고 오늘날과 같은 발전을 이룬 대한민국과, 이 과정에서 자신의 모든 것을 가족과 사회를 위해 희생하는 아버지의 이야기를 담은 영화입니다. 이 영화는 광부와 간호사의 서독 파견, 베트남전 참전 등이 경제 성장에 밑

거름이 되었다며 박정희 정부의 주요 정책을 긍정적으로만 평가해 독재 권력을 미화한다는 비판을 받았습니다. 하지만 1천 4백만 명이 넘는 관객 수를 기록했습니다. 영화가 어떤 의도를 담았든지 간에 국제 시장은 한국 현대사의 한 모습이기 때문일 것입니다.

부산 국제 시장 근처에는 어물을 파는 자갈치 시장과 깡통 시장 등의 다른 전통 시장이 있습니다. 깡통 시장은 미군 부대에서 나온 통조림을 팔았다는 데서 붙은 이름이니까, 이곳 또한 한국 전쟁의 자취를 간직하고 있는 곳입니다. 국제 시장을 비롯한 자갈치 시장, 깡통 시장 등은 현재는 부산의 대표적인 관광지가 되었습니다. 물건을 사고파는 시장의 또 다른 모습입니다.

3 철원

남과 북이 갈라지고 만나는 고장

'철마는 달리고 싶다'. 강원도 철원군 백마고지역에 '철도 중단점'이라는 표시와 함께 쓰여 있는 말입니다. '철마(鐵馬)', '쇠로 만든 말'은 기차를 말합니다. 서울과 함경남도 원산을 잇던 경원선은 그렇게 이곳에서 끊어졌습니다. 그 위쪽으로도 철원에는 역이 하나가 더 있습니다. 월정리역입니다. 그러나 이곳은 일반인들이 군부대의 허락을 받아야 활동을 할 수 있는 민통선(민간인 통제선) 안에 있는 데다가 전쟁으로 철길이 파괴되어서 기차로 갈 수는 없습니다.

경원선만이 아닙니다. 일제 강점기에는 이곳 철원과 금강산을 연결하는 전기 철도가 있었습니다. 금강산을 관광하는 사람들을 태우던 기차입니다. 금강산 전기 철도는 일본이 제2차 세계 대전 당시 기찻길을 철거하여 무기를 만드는 데 사용함으로써 오래 전에 중단되었지만, 해방과 한국 전쟁으로 인한 분단은 금강산 철도 여행을 복원할 길을 막아 버렸습니다. 그렇게 철원군은 흔히 '중부 전선'이라고 부르는 동서의 중간 지역에서 북으로 올라갈 수 있는 마지막 지역이 되었습니다. 남과 북은 한국 전쟁 이후 이렇게 철원에서 갈라졌습니다.

해방 이후 북위 38도선을 경계로 한반도가 남과 북으로 나뉘면서 38도선 위에 위치한 철원은 북한 땅이 되었습니다. 그러다가 한국 전쟁으로 휴전선이 철원 북쪽에 설치되면서 남한 땅이 되었습니다. 이처럼 한국 전쟁 이전에는 북한이었다가 전쟁 이후 남한에 속하게 된 곳을 '되찾은 땅'이란 의미로 '수복 지역'라고 합니다. 전쟁으로 남북이 만난 곳이 철원인 셈입니다.

철원의 관광 명소 중에는 승일교라는 다리가 있습니다. 승일교는 북한이 세우다가 전쟁으로 중단되었는데, 전쟁이 끝난 다음 남한에서 완공했습니다. 그래서 다리를 만드는 방법도 남한과 북한 방식이 섞여 있습니다. 최초의 남북 합작 다리인 셈입니다. 승일교라는 이름은 한국 전쟁 중 전사한 것으로 알려져 있는 박승일(朴昇日) 대령을 추모하기 위해 붙인 이름입니다. 그러나 한때는 이승만의 '승(承)' 자와 김일성의 '일(日)' 자를 하나씩 따서 붙였다거나, 김일성을 이기자는 의미로 '승일(勝日)'이라고 하였다는 말도 있었습니다. 전자가 남북을 잇는 이름이라면, 후자는 남북을 가르는 이름입니다. 이처럼 한국 전쟁은 남북을 가르기도 하고, 잇기도 하였습니다.

1990년대 초 데뷔하여 활동하던 '서태지와 아이들'이라는 댄스 그룹은 자신들의 음반 3집에 실린 '발해를 꿈꾸며'라는 뮤직 비디오를 철원 노동당사에서 촬영했습니

남북 합작 다리 승일교

북한과 가장 가까운 기차역이었지만 지금은 폐쇄된 월정리역

백마고지역 철도 중단점. '철마는 달리고 싶다'라는 팻말이 보인다.

 철원에 남아 있는 노동당사

 경의선 평화열차

다. 철원의 노동당사는 실제 권력을 가진 북한의 유일한 정당인 조선 노동당(북한에는 형식적으로 다른 정당들이 있지만, 조선 노동당을 뒷받침하는 보조 역할에 머물고 있음)이 한국 전쟁 이전 사용하던 곳이었습니다. 서태지와 아이들이 '발해를 꿈꾸며' 뮤직비디오를 이곳에서 촬영한 것은 남북이 통일되어, 한국 역사상 가장 넓은 지역에 걸쳐 있던 발해의 옛 지역을 북한을 통해 육지로 갈 수 있었으면 하는 마음에서 였을 것입니다.

　서울과 신의주를 왕래하던 경의선도 경기도 파주시의 도라산역에서 운행을 멈춥니다. 그나마 도라산역까지 기차를 타고 가는 대부분의 사람들은 '안보 관광'이라는 이름의 관광객들입니다. 안보 관광이란 휴전선 접경 지역 분단의 현장과 군사 시설을 둘러보는 것입니다. 서울 용산역에서 출발하여 도라산역에 도착하여 주변을 둘러보고 돌아오는 1일 코스로 운영되고 있습니다. 열차를 운행하는 한국철도공사는 이 기

차에 '평화열차'라는 이름을 붙였습니다. 이 기차를 타고 도라산역을 방문하는 사람들이 분단의 아픔을 느끼고 남북 간의 평화와 통일을 꿈꾸었으면 하는 마음일 것입니다.

평화열차는 서울역과 철원 백마고지역 간에도 운행되었습니다. 그렇지만 평화열차는 2019

대표적인 안보 관광지

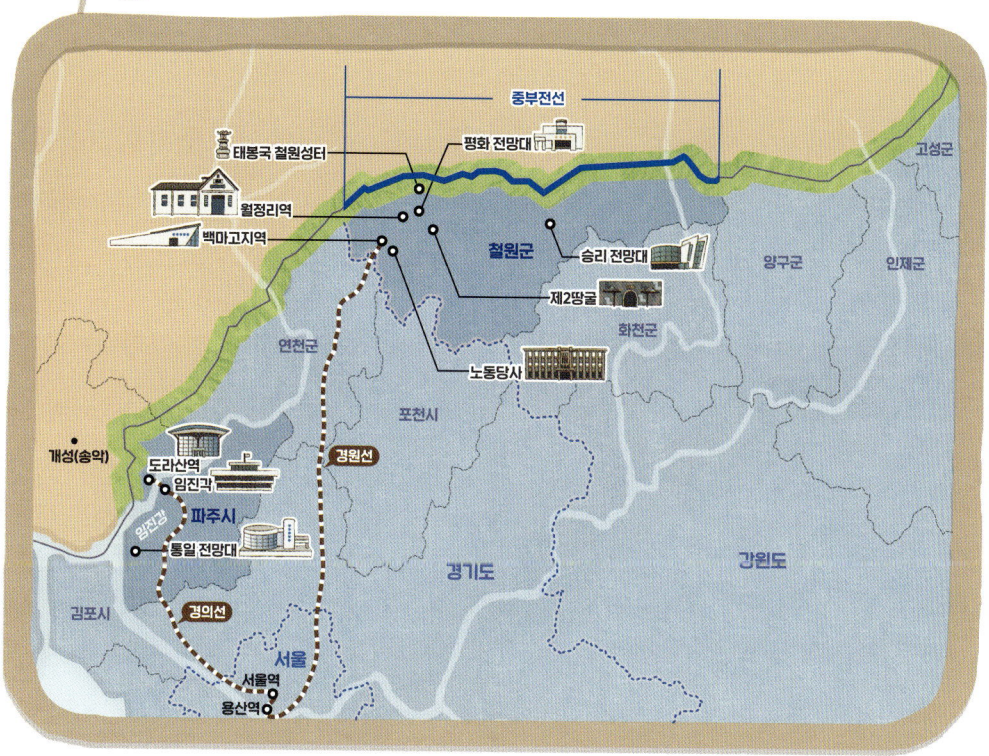

년 철로 공사와 가축 돌림병 확산 우려 등으로 중단되었는데, 2021년 6월까지 여러 이유로 다시 개통되지 못하고 있습니다. 철원은 오늘날 사람들이 가장 많이 찾는 안보관광지 중 하나로 자리매김하고 있습니다. 한국 전쟁 당시 국군과 북한군 사이에 치열한 전투가 벌어졌던 백마고지, 원칙적으로 남쪽 사람들이 활동할 수 있는 가장 북쪽 경계인 남방 한계선 바로 아래 있는 간이역인 월정리역, 북한 땅을 볼 수 있는 평화 전망대 그리고 북한이 남쪽을 향해 파내려 온 제2땅굴 등이 민통선 안에 있는 대표적인 안보 관광지입니다. 철원이 남과 북을 가르는 곳임을 보여 주는 장소입니다. 그런데 철원의 민통선 안에는 한국 전쟁 이전 북한이 사용하던 농산물 검사소와 얼음 창고 등의 건물 일부가 남아 있습니다. 노동당사와 마찬가지로 북한이 사용하던 곳을 현재 남한이 보존하고 있다는 점에서, 남과 북이 만나는 장소입니다.

후고구려를 세운 궁예는 905년 도읍을 송악(오늘날 개성)에서 이곳 철원으로 옮기고 나라 이름을 태봉이라고 바꿨습니다. 그래서 철원의 비무장 지대 안에는 당시 지었던 도성터가 남아 있습니다. 그러나 남과 북이 날카롭게 대립하는 비무장 지대 안에 위치해 태봉국 철원성터의 조사와 발굴 작업은 제대로 이루어지지 못하고 있습니다. 남과 북은 종종 태봉국 철원성터를 같이 조사하고 발굴하자는 의견을 주고받았습니다. 철원이 남과 북이 갈라지는 곳에서 만나는 곳으로 바뀔 가능성을 남겨 놓고 있는 것입니다.

4 위령비
한국 땅에서 죽어간 외국 젊은이들

세종특별자치시 전의면과 전동면 사이의 나지막한 고개를 개미 고개라고 부릅니다. 개미허리처럼 잘록하다고 해서 붙은 이름입니다. 이곳 고갯마루에는 '자유평화의 빛'이라는 이름이 붙은 위령탑이 세워 있습니다. 한국 전쟁 당시 북한군을 맞이하여 이곳을 지키다가 전사한 국제 연합군 병사의 넋을 기리는 위령탑입니다.

1950년 7월 11일부터 15일까지 미군 24사단 병사들은 5일 동안 이 고개에서 북한군과 전투를 치렀습니다. 이곳은 서울과 대전을 연결하던 국도 1호선으로, 고속 도로가 없던 당시에는 가장 중요한 도로였습니다. 결국 5일 만에 북한군이 방어선을 돌

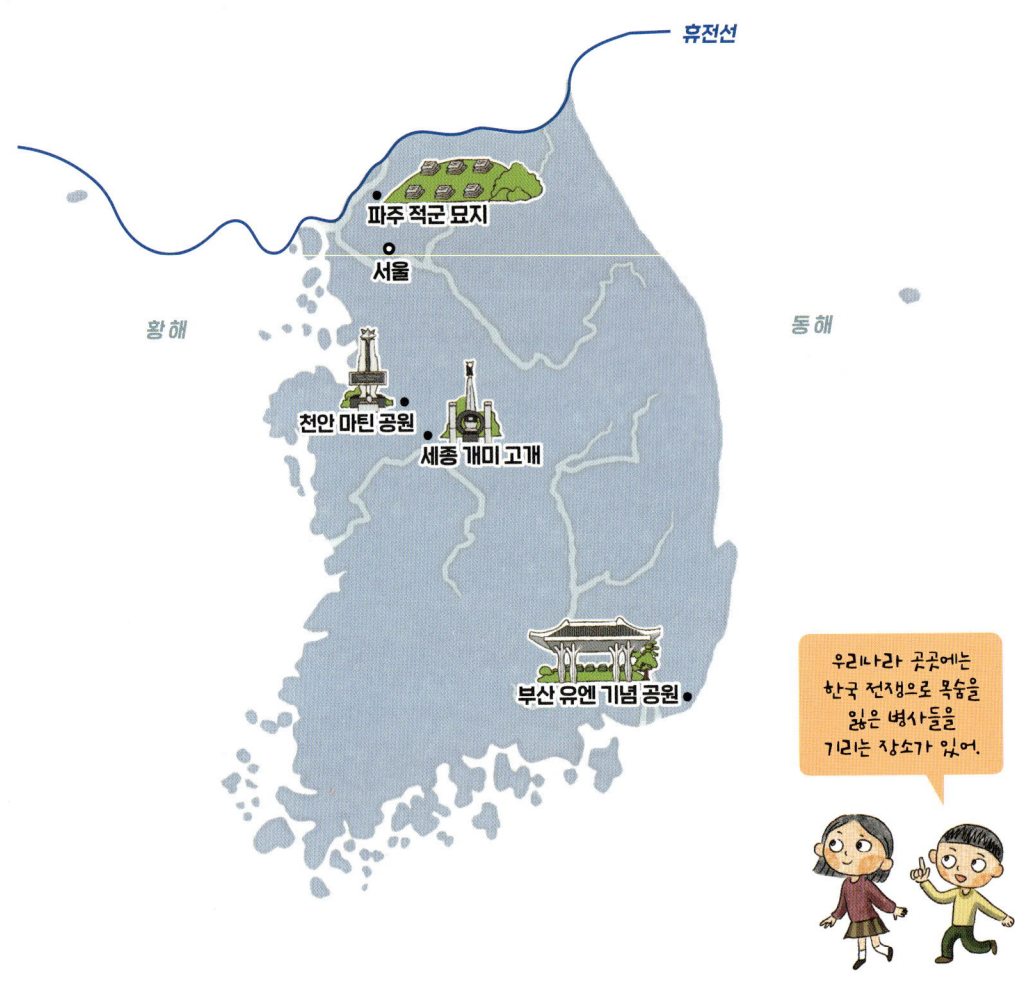

파하며 미군 428명이 전사했으며 적지 않은 인원이 행방불명이 되었습니다. 그러나 5일이라는 기간을 버텨 냄으로써, 국제 연합군이 병력을 정비하여 북한군의 공격에 대비하는 시간을 벌어 주었습니다.

그런데 같은 미군 부대원들은 3일 전인 7월 8일에도 북쪽으로 20여 킬로미터 떨어

세종특별자치시 자유평화의 빛 위령탑

충청남도 천안시 마틴 공원

진 천안에서 북한군과 맞서 싸우다가 128명의 희생자를 남겼습니다. 천안 삼거리 초등학교 바로 옆에는 이들을 기리는 위령비가 세워져 있습니다. 이곳은 당시 미군 지휘관인 로버트 R. 마틴 대령의 이름을 따서 '마틴 공원'이라고 부릅니다. 전국 곳곳의 주요 도로에서는 이처럼 한국 전쟁 당시 전사한 외국 병사들을 기리는 탑이나 비를 어렵지 않게 볼 수 있습니다. 이런 위령탑들은 한결같이 한국 전쟁 당시 치열한 전투가 벌어진 곳에 세워져 있습니다. 38도선이나 휴전선 근처, 낙동강 일대 등에서 특히 많이 찾아볼 수 있습니다.

한국 전쟁 당시 16개국의 젊은이들은 국제 연합군의 이름으로 전투에 참전하여 북한군 및 중국군과 맞서 싸웠습니다. 이 나라들 중에는 미국이나 영국, 프랑스와 같은 강대국뿐 아니라 콜롬비아, 에티오피아, 남아프리카 공화국과 같은 남아메리카나 아프리카 국가들도 있었습니다. 한국 전쟁에 참가한 국제 연합군 수는 합해서 90만 명이 넘었으며, 이 중 4만여 명이 목숨을 잃었습니다. 어쩌면 이전에는 이름도 들어 보지 못했을 '한국'이라는 나라에 와서 짧은 삶을 마감한 것입니다. 부산 유엔 기념 공원 안에는 한국 전쟁 당시 전사한 국제 연합군의 공동 묘지가 있습니다. 이곳에는 한국 전쟁 당시 희생된 국제 연합군 병사 40,896명 중 11개국 2,300여 명의 묘가 있습니다. 이곳은 세계에서 유일한 국제 연합군 공동 묘지라고 합니다.

한국 전쟁으로 한반도에서 삶을 마감한 젊은이들은 국제 연합군으로 참전한 병사들만은 아니었습니다. 국군 및 국제 연합군에 밀려 북쪽으로 후퇴를 거듭하는 북한군을 지원하기 위해 중국군이 대규모로 참전했습니다. 한국 전쟁에 참전한 중국군 병력은 모두 합하면 250만 명이나 됩니다. 중국군으로 참전한 많은 중국 젊은이들이 격전지에서 희생되었습니다. 한국 전쟁에서 죽은 중국군의 정확한 수는 알 수 없지만 수십만 명일 것으로 추정합니다. 평안북도 회창군에는 한국 전쟁 당시 죽은 중국군의 묘지가 있습니다. 여기에 묻힌 중국군 중에는 중화 인민 공화국(중국)을 세우고 당시 최고 통치자였던 마오쩌둥의 큰아들 마오안잉도 있습니다. 국제 연합군 사령관 제임스 밴 플리트의 아들 지미 밴 플리트도 한국 전쟁에 공군으로 참전했다가 전사했습니다.

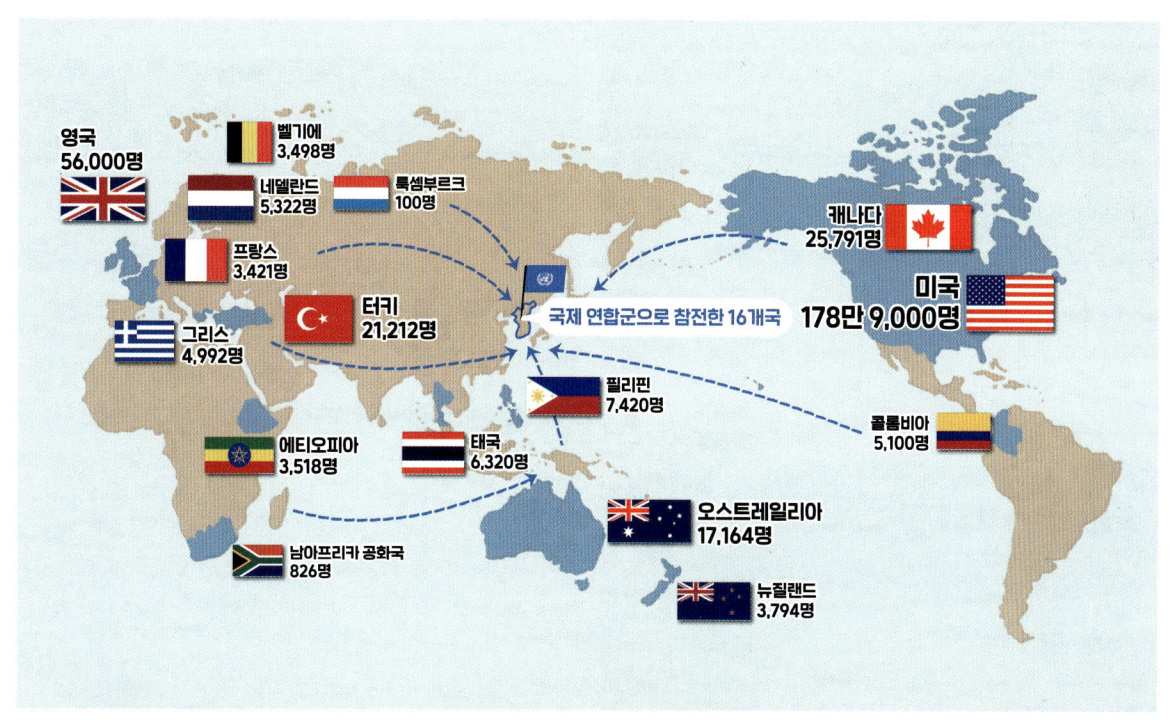

국제 연합군으로 참전한 16개국

　경기도 파주에는 한국 전쟁에 참전했다가 죽은 북한군과 중국군의 무덤이 있습니다. '적군 묘지'라는 이름이 붙어 있기는 하지만요. '적군 묘지'는 1996년 전국에 흩어져 있던 이들의 무덤을 모아 놓은 곳이 시작이었습니다. 이후 새롭게 발견되는 묘지들도 이곳으로 옮겼습니다. 이는 제네바 협정에 따른 것입니다. 제네바 협정에서는 전쟁 중에 사망한 적군 유해도 존중하고 묘를 만들어 관리하도록 규정하고 있습니다. 그런데 이들 묘비에는 대부분 이름이 없는 '무명인'이라고 쓰여 있습니다. 한국 전쟁에 참가한 중국 젊은이들은 다른 나라에서 이름조차 남기지 못한 것입니다. 2014년

① 한국 전쟁 당시 전사한 국제 연합군을 화장한 시설. 경기도 연천군에 있다.
② 부산 유엔 기념 공원
③ 파주 적군 묘지 북한군 묘비석

부터 2020년 9월까지 7차례에 걸쳐 이들 중 일부 유골을 중국에 인도하였습니다. 70여 년 만에 중국으로 돌아간 것입니다. 그렇지만 많은 유골들은 여전히 '적군 묘지'에 남아 있습니다. 더구나 중국군 전사자 대부분은 유골도 남기지 못한 채 한반도 곳곳에서 삶을 마쳤습니다.

한국 전쟁은 이렇게 남한과 북한뿐 아니라 세계 각국 젊은이들의 많은 희생을 불러

왔습니다. 이들은 왜 다른 나라의 전쟁에 참가하여 죽어 갔을까요? 이들의 죽음이 한국 사회와, 세계에 남긴 것은 무엇이었을까요? 이들의 죽음을 가족과 그 나라 사람들은 어떻게 받아들일까요?

한국 전쟁이 남긴 음식

전쟁 기간 중에도 사람들은 일상생활을 유지해야 했습니다. 그렇지만 그 생활이 전쟁이 일어나기 전과 똑같을 수는 없었습니다. 한국 전쟁은 사람들이 먹는 음식에도 많은 영향을 미쳤습니다. 이전에는 없던 새로운 음식이 생기기도 했으며, 어떤 음식이 유행하거나 전국에 알려지기도 했습니다.

한국 전쟁이 음식 문화에 미친 영향은 크게 두 갈래였습니다. 하나는 전쟁으로 식량이 부족해지고 굶주리는 사람들이 늘어나자, 이에 대한 대처 방안으로 나온 음식입니다. 다른 하나는 한국 전쟁 중에 사람들이 피란을 가는 등 이동이 활발해지면서, 어떤 지역의 음식이 다른 지역으로 널리 퍼지는 경우였습니다. 특히 북한에서 남한으로 내려온 월남민에 의해 북한 음식이 남한에 퍼지는 경우가 많았습니다. 어떤 것이 있는지 살펴볼까요?

아바이 순대

아바이 마을에서 파는 대표적인 음식이 '아바이 순대'입니다. 순대는 소나 돼지 창자 속에 여러 가지 재료를 채워 넣고 찌거나 삶아서 먹는 음식입니

재료를 푸짐히 넣어 만든
아바이 순대

다. 순대는 전국 어느 곳에서나 쉽게 찾아볼 수 있는 음식이죠. 아바이 순대는 함경도 지방의 순대입니다. 함경도에 살다가 한국 전쟁으로 남쪽에 내려온 사람들이 팔았는데, 아바이 마을에서 처음 팔았는지는 확실하지 않습니다. 다만 함경도 지방의 순대라는 뜻으로 '아바이 순대'라는 이름이 붙었습니다.

순대는 지역에 따라 겉을 싸는 재료나 속에 넣는 재료에 차이가 있습니다. 대부분 순대는 겉을 돼지의 작은창자로 싸는데, 아바이 순대는 돼지의 큰창자로 겉을 싸고, 찹쌀밥, 선지, 채소 등 여러 재료들을 넣습니다. 그래서 아바이 순대는 다른 지역의 순대보다 크기가 커 밥 대신 먹어도 든든합니다.

부대찌개

부대찌개의 '부대'는 군부대를 가리킵니다. 한국 전쟁 이후에 미군 부대에서 사용하고 남은 햄과 소시지를 넣고 끓인 찌개입니다. 그래서 부대찌개는 경기도 의정부나 동두천과 같이 미군 부대가 있던 지역에서 많이 팔았습니다.

다양한 재료를 넣고 끓인
부대찌개

미군들이 먹다 남은 음식이라고는 하지만 햄과 소시지는 꽤 오랫동안 비싼 음식이었습니다. 1970년대까지도 소시지를 도시락 반찬으로 싸오면 잘사는 집 아이로 생각될 정도였습니다. 경제가 성장하여 먹을거리가 풍부해지고 외식을 자주 하게 되면서 부대찌개는 많은 사람들이 즐겨 먹는 음식이 되었습니다. 부대찌개를 전문으로 하는 음식점들이 전국 곳곳에 생겨났습니다. 부대찌개 만드는 방법도 점점 다양해졌습니다. 햄이나 소시지가 주된 재료이지만 라면 사리, 국수, 흰떡 등을 넣어 더욱 푸짐하게 먹습니다.

개떡

전쟁의 어려움으로 널리 퍼진 음식들은 많습니다. 개떡도 그중 하나입니다. 여러분은 '개떡 같다'는 말을 들어본 적이 있나요? 흔히 마음에 들지 않을 때 사용하는 말입니다. 물건 모양이나 질이 마음에 들지 않을 때, 어떤 일이 원하는 대로 되지 않을 때 사용합니다. 그런데 '개떡'이 무엇일까요? 개떡의 '개'라는 말은 가짜나 시원치 않은 것을 뜻하는 말입니다. 그러니까 개떡은 떡은 떡인데 '제대로 만들지 않은 맛없는 떡'이라는 의미를 담고 있습니다.

전쟁으로 먹을 것이 부족하던 시절에는 간단하게 밥 대신 만들어 먹을 수 있는 음식이 필요했습니다. 그렇게 만든 것이 개떡입니다. 개떡은 쌀 대신 보리나 밀, 메밀 등으로 만들었습니다. 산이나 들에 널려 있는 쑥을 함께 넣어 찌는 경우가 많았으며, 다른 재료를 속에 넣지 않고, 모양을 내지도 않았습니다. 그래서 모양도 예쁘지 않고 맛도 별로였습니다. 곡식을 대강 갈아서 만든 가루를 사용하는 경우가 많았으므로, 먹기에 껄끄럽기도 했습니다. 그래도 사람들은 허기를 달래 주는 개떡을 맛있게 먹었습니다.

개떡은 한국 전쟁 이전에도 많이 볼 수 있었던 음식입니다. 그렇지만 많은 사람이 개떡을 먹기 시작한 것은 한국 전쟁 때입니다. 그래서 한국 전쟁 관련된 체험 행사에 빠지지 않고 등장하는 음식입니다.

① 개떡
② 피감자
③ 주먹밥

고추장 떡볶이

전쟁으로 재료를 제대로 구하기 어려워 간단히 만들어 먹었던 음식이 원래 음식보다 더 유명해진 경우도 있습니다. 떡볶이는 원래 쌀로 만든 가래떡을 고기, 야채 등과 함께 볶아 간장으로 양념한 음식으로 알려져 있습니다. 그런데 전쟁 중에 이와 비슷한 모양으로, 밀가루로 만든 가래떡에 고추장으로 양념을 하고 연탄불에 볶아서 만들었습니다. 가래떡과 고추장, 파 정도만 있으면 되는 고추장 떡볶이는 원래의 떡볶이보다 쉽게 만들 수 있어서 누구나 즐겨 먹는 음식이 되었습니다. 사람들은 떡볶이 하면 고추장 떡볶이를 떠올리게 되었으며, 원래의 떡볶이는 옛날 궁중에서 먹었다고 하여 '궁중 떡볶이'로 불리게 되었습니다.

한류로 고추장 떡볶이는 세계 여러 나라에도 알려지고 있습니다. 매운 음식을 잘 먹지 못하는 외국인 중에도 달콤한 맛이 나는 고추장 떡볶이를 좋아하는 사람들이 늘어나고 있다고 합니다. 고추장 떡볶이가 한국 전쟁 때 생겨났는지는 확실하지 않습니다. 다만 한국 전쟁 직후에 크게 확대된 것은 분명합니다. 전쟁 때 임시로 만든 음식이 오히려 정식 음식을 대신한 대

밀가루로 만든 저렴한 떡에
고추장 양념을 한 떡볶이

표적 사례입니다. 한국 전쟁 중 경남 지방에서 생겨나 지금은 전국으로 확대된 밀가루 국수 음식인 밀면도 이와 비슷한 사례입니다.

밀가루로 만든 면을
차가운 육수와 먹는 밀면

2장

전쟁으로 바뀐
삶의 터전

· 이동 ·

피란 가는 사람들

1 북에서 남으로 내려오다

배를 타고, 부서진 철교를 넘어서

1950년 12월 23일 함경남도 흥남에 머물고 있던 메러디스 빅토리 호에는 1만 4천여 명의 사람들이 탔습니다. 원래 이 배에 탈 수 있는 인원이 약 2천 명이므로, 7배나 되는 사람들이 탄 것입니다. 이렇게 많은 사람들을 태우기 위해 선장 레너드 라루는 싣고 있던 화물을 버렸습니다. 흥남을 출발한 배는 이틀 후 경상남도 거제도에 도착했습니다.

전쟁 초기 북한군에게 밀려서 낙동강까지 후퇴했던 국군과 국제 연합군은 인천 상륙 작전을 성공시켰습니다. 이를 계기로 전세는 역전되었고 북한으로 진격하여 대부분의 지역을 장악하고 압록강까지 진출했습니다. 그러나 대규모 중국군이 북한을 도

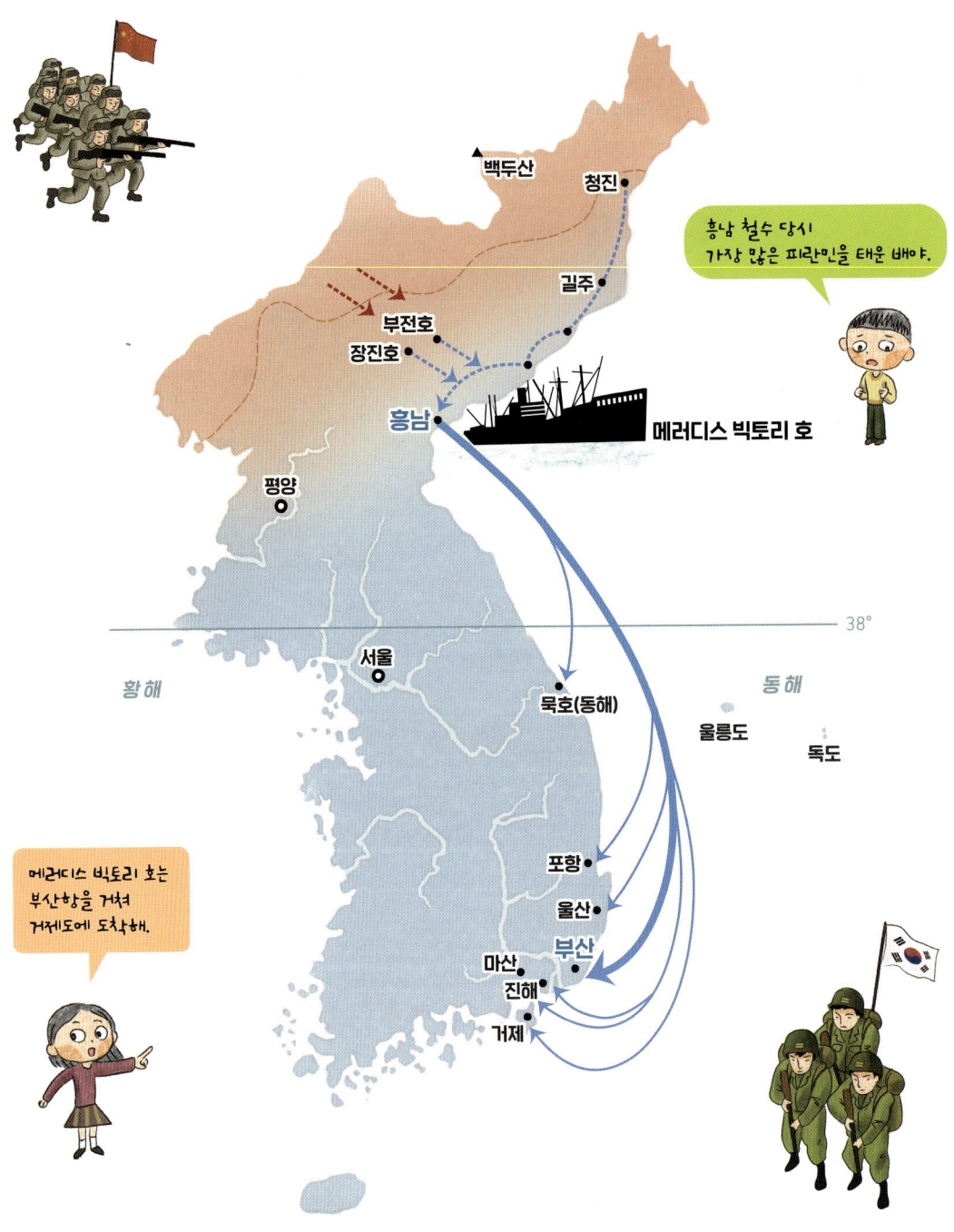

48 ——— 한국 전쟁의 여섯 가지 얼굴

와 전쟁에 뛰어들면서 상황은 다시 바뀌었습니다. 함경도 지역까지 올라갔던 국군과 국제 연합군은 중국군에게 퇴로를 차단당해 함경남도 흥남에서 배를 타고 바닷길로 철수해야만 했습니다. 이때 국군과 국제 연합군에 협력했거나 평소 북한의 공산 통치를 못마땅하게 생각하던 주민들도 흥남에 몰려들었습니다. 이들을 모두 싣고 철수하기에는 배가 부족했습니다. 그렇지만 그대로 내버려 두고 온다면, 이후 북한에서 탄압을 받을 가능성이 컸습니다. 수송을 맡은 미군의 선장은 결국 일부 물자를 포기하더라도 피란민을 가급적 많이 받아들이기로 결정한 것입니다. 흥남에서 메러디스 빅토리 호를 비롯한 배를 타고 남쪽으로 내려온 피란민의 수는 10만 명에 이릅니다.

평안도 지역 사람들은 걸어서 남으로 내려왔습니다. 미군의 폭격으로 부서진 대동강 철교에 매달리기도 하고 무릎으로 기어가다시피 하면서 다리를 건넌 피란민들도 많았습니다. 이들은 보따리를 머리에 이고 등에 진 채로 북쪽 지방의 추운 겨울 날씨를 뚫고 남으로, 남으로 발걸음을 옮겼습니다. 그렇게 38도선 이남으로 내려왔습니다. 그러나 그게 끝이 아니었습니다. 1950년 12월에 38도선 이북을 완전히 장악한 북한군과 중국군은 중부 지방까지 위협했습니다. 1951년 1월 4일에는 서울을 다시 점령했습니다. 북한에서 내려온 피란민들은 다시 남으로 기약 없는 발걸음을 옮겨야 했습니다. 북을 버리고 남으로 내려온 이들이 북한군과 중국군이 점령한 서울에 남아 있을 수는 없었습니다.

이처럼 북한에서 남한으로 옮긴 사람들을 '월남민'이라고 합니다. 이들이 북에서 남으로 내려온 이유는 여러 가지입니다. 공산주의 이념을 싫어하거나 북한 공산 정권에게 피해를 입은 사람들도 있습니다. 국군과 국제 연합군이 북한에 진격했을 때 이에

부서진 대동강 철교를 건너는 사람들

협력하여 공산 정권의 보복을 당할까 우려한 사람들도 있습니다. 치열한 전투가 벌어지고 국제 연합군의 대규모 폭격 등으로 북한 지역이 전쟁의 주된 무대가 되면서 이를 피해서 남으로 옮긴 사람들도 있습니다.

한국 전쟁 시기 월남민의 수가 얼마나 됐는지는 정확히 알 수 없지만, 국방부 기록 등에 따르면 13만 5천여 가구에 61만 8천여 명에 이릅니다. 이들은 전쟁이 끝나면 고향으로 돌아갈 수 있을 것으로 생각했을 것입니다. 그러나 휴전을 하고 휴전선이 생기면서, 월남민들은 북한으로 돌아갈 수 없게 되었습니다.

2 남에서 북으로 올라가다

사상을 따르거나 북한군에 이끌려

한국 전쟁 중에 남에서 북으로 생활 터전을 옮긴 사람들도 있습니다. 월북민 중에는 남한 땅에 살고 있었지만 일제 강점기부터 공산주의 사상을 품어 왔거나 이들의 주장을 지지하는 사람들이 있었습니다. 토지 개혁이나 친일파 숙청 등 북한의 개혁 소식을 반기던 사람들도 있었습니다.

해방 직후 한때는 공산당을 비롯한 좌익 정당이 합법이었습니다. 그래서 좌익 운동이 활발했고, 남한에는 여전히 좌익 사상을 가진 사람들도 있었습니다. 이들 중 일부는 전쟁 초기 북한군이 남한 대부분의 지역을 점령했을 때, 북한의 통치에 협력했습니다. 북한이 만든 각종 위원회에 가입하여 남한 경찰이나 군인을 했던 사람, 반공 활

며칠간의 훈련만 받고
전투에 투입되는 인민 의용군
(북한 정규군 지원 부대)

동을 했던 사람들을 찾아내서 북한군에 고발한다든지, 지주의 땅을 빼앗아 농민들에게 나누어 주는 등 북한의 정책을 실천하는 데 앞섰습니다. 이들은 국군과 국제 연합군이 들어오면 북한을 도왔다는 이유로 큰 처벌을 받을 것이 예상되었습니다. 그래서 북한군이 후퇴하게 되자, 자신들도 북쪽으로 피하였습니다.

그러나 북한으로 옮겨 간 모든 사람들이 이들처럼 북한을 지지했기 때문만은 아니었습니다. 남과 북은 전쟁을 하면서 젊은이들을 뽑아서 병력을 보충했습니다. 북한군은 38도선 이북 지역뿐 아니라 점령한 남한 지역의 젊은이들까지 뽑아서 의용군이란 이름으로 북한 인민군에 배치했습니다. '의용군'은 자발적으로 참여한 용감한 군인이라는 뜻이지만, 자기 뜻과는 상관없이 강제로 들어간 것입니다. 그렇지만 이유야 어쨌든 북한군으로 활동했으므로 국군과 국제 연합군에게는 적이었습니다. 국군이나 국제 연합군에 붙잡힐 경우는 포로 생활을 할 수밖에 없었습니다. 그래서 후퇴하는 북한군과 함께 북으로 이동하였습니다.

김규식, 박열의 묘.
북한에는 '재북 인사의 묘'라고 해서,
북한에서 활동하다가 사망한 남한 출신
유명 인사들의 묘지가 조성돼 있다.

　북한은 남한을 점령했을 때와 후퇴할 때, 남한 사회에서 유명한 사람들을 북으로 데려갔습니다. 이 중에는 독립운동가도 있고, 민족주의 활동가도 있으며, 문인으로 이름을 날린 사람도 있습니다.

　독립운동가 중에는 대한민국 임시 정부의 부주석을 했던 김규식, 김구를 도와 대한민국 임시 정부를 이끌었던 엄항섭, 대한민국 임시 정부의 건국 강령을 만들었던 조소앙 등이 납북되었습니다. 일제 강점기에 일본 천황을 암살하려던 박열, 대한민국 초대 국회 부의장이었지만 이승만 정부에 의해 북한 간첩으로 몰려 갇혀 있던 김약수도 납북되었습니다. 손진태와 안재홍 같이 민족주의 활동에 열중하던 학자나, 문인으로 유명했지만 일제 말 적극적인 친일 행위를 했던 이광수도 있었습니다. 북한이 이들을 데려간 것은, 북한 사회를 홍보하기 위한 것이었습니다. 이들 중에는 납북된 지 얼마 지나지 않아서 죽은 사람도 있고, 북한에서 행적이 잘 알려져 있지 않은 사람도 있습니다. 일부는 후에 평화 통일을 주장하는 활동을 하였으며, 북한을 지지하는 국제 활동을 한 경우도 있었습니다.

남에서 북으로 옮긴 사람의 수가 얼마나 되는지는 명확하지 않습니다. 전쟁 중에 제대로 조사할 수도 없었고, 자발적인 월북과 강제적인 납북을 구분하는 것도 쉽지 않습니다. 남한 정부는 월북의 사유가 명확하게 밝혀지지 않는 경우, 가급적 월북 대신 납북이나 행방불명으로 처리하는 경향이 있습니다. 그래야 자신의 뜻으로 북으로 간 사람들의 수가 적고, 억지로 끌려간 사람들이 많게 되기 때문입니다. 한국 전쟁 중 월북이나 납북된 수는 적게는 약 8만 명에서 많게는 수십 만 명으로 추정합니다.

스스로 월북을 한 경우는 말할 것도 없고 납북된 사람의 가족들은 숨을 죽이고 살아가야 했습니다. 이들은 남한 사회에서 주의해야 할 인물로 여겨졌으며, 경찰의 감시를 받기도 했습니다. 이 때문에 오랫동안 가족 이야기가 다른 사람에게 알려질까 걱정했습니다. 그래서 전쟁으로 이산가족이 되었지만, 이산가족이라는 말을 입 밖에도 꺼내지 못한 채 살아갔습니다. 1980년대 후반 민주화가 확대되면서 북한 사람을 무너뜨려야 할 적이 아니라 같은 동포로 인식하는 움직임이 커졌습니다. 월북이나 납북된 사람들의 가족을 '위험한 인물'보다는 분단이 만들어낸 비극으로 인식하였습니다. 남북 이산가족 상봉 모임에서 이들이 만나는 경우도 볼 수 있었습니다.

3 산속 생활을 하다
남과 북에서 버림받은 빨치산

1988년 7월 《남부군》이라는 소설이 출간되어 사회의 커다란 관심을 모았습니다. 이 책의 작가인 이태의 한국 전쟁 시기 빨치산 활동 경험을 담은 소설이었습니다. 이 소설이 나온 이후 빨치산에 대한 관심이 높아지고, 이들을 다른 눈으로 보아야 한다는 목소리도 커졌습니다. 빨치산을 주제로 하는 수기와 소설이 여러 편 나오고, 영화도 만들어졌습니다.

빨치산은 한국 전쟁 이전부터 전쟁 때까지 북한을 지지하면서 남한의 산악 지대에서 활동을 했던 좌익 무장 유격대로, 정식 명칭은 조선 인민 유격대입니다. 좌익은 공산주의 사상을 품었거나 이를 지지하는 활동을 하는 사람을 말합니다. 소설의 제목인

《남부군》 표지 　　　영화 포스터

남부군은 한국 전쟁 시기 조직되어 가장 규모가 크고 왕성한 활동을 했던 빨치산 부대입니다. 그런데 북한을 지지하면서 남한 정부에 무력으로 맞섰던 빨치산이 왜 오랜 시간이 지난 1980년대 후반이 되어서야 사람들의 관심을 끈 것일까요?

빨치산은 한국 전쟁이 일어나기 이전부터 있었습니다. 남한과 북한에 각각 정부가 들어서고 대립과 갈등이 심해지자, 좌익 사상을 품었거나 남한 단독 정부 수립에 반대했던 일부 사람들은 군대에서 반란을 일으키는 등 남한 정부에 맞서 무장 투쟁을 했습니다. 국군과 경찰이 이를 진압하자, 이들은 산속으로 피해 저항을 계속했습니다. 이것이 빨치산의 시작이었습니다.

빨치산은 한때 수천 명이 될 정도로 규모가 커졌지만, 국군과 경찰의 토벌로 한국 전쟁이 일어날 즈음에는 그 세력이 크게 약화되었습니다. 전쟁 초기 북한군이 남한 지역 대부분을 점령하자, 이들은 산에서 내려와 북한군에 합류하거나 통치를 도왔습니다. 그러나 인천 상륙 작전 이후 북한군이 국군과 국제 연합군에 밀려 북으로 후퇴하게 되자 빨치산은 다시 조직되었습니다. 북한군을 따라 미처 후퇴하지 못한 일부 사람들은 산속으로 들어가 저항을 계속했습니다.

그렇지만 빨치산 중에는 북한 점령 당시 뽑혀서 어쩔 수 없이 북한군이 되었거나,

깊은 산속에서 활동하다
포로로 잡힌 빨치산

북한에 협력했다가 처벌을 받거나 보복당할 게 두려워 산으로 들어간 사람들도 있었습니다. 이태의 경우도 마찬가지였습니다. 이태는 북한군이 서울을 점령한 다음 날인 1950년 6월 29일 모이라는 명령을 받고 나갔다가, 북한군 기자로 특별 채용되어 북한에 협력했습니다. 원래 남한에서 기자 활동을 했던 이태는 북한의 사상이나 체제, 점령 지역의 정책 등 선전 활동에 이용되었습니다. 북한군이 후퇴하자 이태는 산속으로 들어가 빨치산이 되었습니다. 이태는 거기에서도 빨치산의 선전과 홍보 활동을 했습니다.

빨치산은 낮에는 주로 산속에 숨었다가, 밤이 되면 남한의 경찰 지서나 행정 기관을 공격하기도 하고, 주변 마을에서 식량과 같은 생활필수품을 구하기도 했습니다. 이들은 적극적으로 북한 편을 들었고, 북한의 지시를 받고 활동하기도 했습니다.

북한은 빨치산에게 남한 정부에 맞서 끝까지 강력히 싸울 것을 요구했습니다. 때로는 북한에서 군사 훈련을 받은 병사들을 빨치산 부대에 파견했습니다. 남부군도 이렇게 만들어진 부대입니다. 그러나 빨치산은 경찰과 국군의 토벌로 점차 체포되거나 힘든 산속 생활로 죽음을 맞이했습니다.

그럼 북한 정부는 빨치산을 적극적으로 보호하고 자신들 편에 서서 싸운 공을 인정하였을까요? 빨치산은 나중에라도 특별 대우를 받았을까요? 아닙니다. 오히려 북한 정부는 전쟁 이후 빨치산이 북한에 별다른 도움이 되지 않을 것으로 판단했습니다.

북한의 최고 권력자였던 김일성은 빨치산 대부분이 남한 출신이어서 정치적 경쟁자였던 남한 출신인 박헌영에게 힘이 될 것을 우려했습니다. 그래서 이들이 산속에서 추위와 굶주림에 쓰러져 가고 국군과 경찰의 토벌로 전멸될 위기에 처해도 적극적으로 북한으로 받아들이려고 하지 않았습니다. 그저 남한 사회를 혼란스럽게 하는 데 이용했을 뿐입니다. 빨치산은 이렇게 남한에서는 무장 투쟁으로 혼란에 빠뜨리는 극단적 공산주의자였으며, 북한에게는 버림받은 존재였습니다.

《남부군》을 쓴 이태는 산속에서 17개월 남짓 빨치산 생활을 하다가 1952년 3월 경

빨치산 혐의로 잡혀 온 여성 포로

찰에 체포되었습니다. 기자 생활을 했고 글을 잘 썼던 이태는 경찰 활동을 홍보하고 문서 작성 등의 업무를 도운 덕분에 큰 고생을 하지 않았다고 합니다. 그러나 체포된 대부분의 빨치산은 사형을 당하거나 10년 이상 긴 기간을 감옥에 갇혔습니다.

한국 사회에서 오랫동안 이들의 이름은 언급되지 않았습니다. 이들은 북한 편을 들어 남한 사회를 어지럽히고 주민들을 괴롭힌 공산 분자들로만 인식되었습니다. 가족들도 이들을 입에 올리지 않았습니다. 자칫 잘못하면 자신이 피해를 입거나 감시 대상이 될 수 있었기 때문입니다. 빨치산이 된 이들의 사연이나 힘든 산속 생활이 본격적으로 알려지기 시작한 것 역시 1980년대 후반 한국 사회의 민주화가 확대되면서 니까, 한국 전쟁이 끝나고도 30여 년의 세월이 지났을 때입니다. 전쟁은 또 이렇게 적지 않은 사람의 생활 터전을 바꾸었습니다. 이들의 삶은 살았을 때만이 아니라 죽은 후에도 사회의 변화에 따라 달라졌습니다.

4 제3세계를 택하다
남과 북을 모두 거부한 포로들

우리가 일본의 식민 통치를 받던 시절 한반도를 떠나 만주(오늘날 중국 동북 지역)에서 살던 이명준은 해방 이후 귀국을 해서 서울에 자리를 잡았습니다. 그런데 공산주의 사상에 빠진 아버지가 월북했기 때문에, 이명준은 남한에서 어려운 삶을 살아야 했습니다. 툭하면 경찰서에 불려 가 조사를 받았고, 때로는 고문을 당하기도 했습니다. 견디다 못한 이명준은 월북을 했습니다.

그러나 막상 북한 사회는 명령과 복종만이 있을 뿐 공산주의가 내세우는 정의와 평등은 찾아볼 수 없었습니다. 가족이 월북했다는 이유만으로 감시를 당하고 고통을 겪어야 하는 남한이나, 겉으로는 살기 좋은 '인민의 낙원'을 내세우지만 실제로는 대중을 위한 정책이나 정치를 찾기 어려운 북한 모두 정치적 목적만 있는 말만 내세우는 사회임을 이명준은 알게 됩니다.

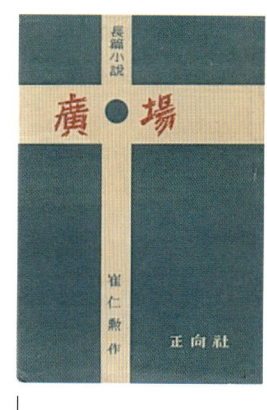

《광장》 표지

한국 전쟁이 일어나자 북한 인민군으로 참여한 이명준은 국군의 포로가 되었습니다. 휴전 협상이 진행되고 포로 송환 과정에서 북한군 포로들은 남한에 남을 것인지 북한으로 돌아갈 것인지 심사를 받습니다. 남한과 북한에 모두 환멸을 느낀 이명준은 남북 어느 곳도 아닌 제3국인 중립국을 택합니다. 그러나 중립국인 인도로 가는 배에서 이명준은 바다에 뛰어들어 자살을 합니다.

이 이야기는 2018년 세상을 떠난 최인훈의 소설《광장》의 줄거리를 요약한 것입니다. 고등학교 국어 교과서에도 나왔던 유명한 소설입니다. 소설은 작가가 지어낸 이야기죠? 그러나 소설이라고 하지만,《광장》의 내용은 작가의 머릿속에만 있던 이야기가 아닙니다. 한국 전쟁은 사람들에게 남과 북, 공산주의와 자유 민주주의 둘 중에 하나만 선택하기를 강요했습니다. 대부분 어쩔 수 없이 이를 따랐습니다. 그러나 아주 일부는 도저히 어느 편을 선택할 수 없었습니다. 어느 쪽에서도 진정한 마음을 찾을 수 없었기 때문이었습니다.

소설 내용처럼 포로 송환 과정에서 심사가 있었습니다. 한국 전쟁 직전인 1949년 스위스 제네바에서 맺은 국제 협약에 따르면, 포로는 원래의 나라로 돌려보내는 것이 원칙이었습니다. 그러나 한국 전쟁의 경우는 특별한 사정이 있었습니다. 자신의 뜻과

17만 명이 넘게 수용된
거제 포로 수용소

수용소에서
오물 처리 작업을 하는
북한군 포로

포로의 신상을 묻는 모습

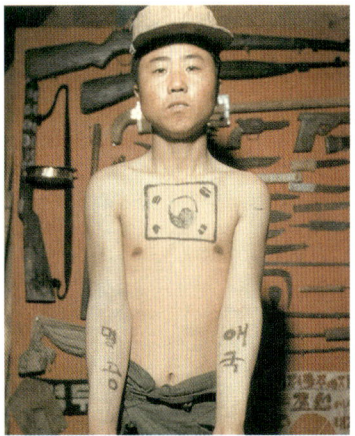

'멸공', '애국'이라는 글자를 몸에 새긴 반공 포로

는 상관없이 억지로 참전한 경우가 많았기 때문에 포로들은 남과 북 중 하나를 선택해야 했습니다. 극히 소수이기는 하지만, 일부 포로들은 남이나 북이 아닌 제3국 중립국을 선택했습니다. 제3국을 택한 포로는 88명이었습니다. 이들 중 중국인은 11명, 북측 포로 2명, 그리고 남측 포로 77명이었습니다. 제3국을 택한 포로들은 일단 인도로 이송되었다가, 브라질, 아르헨티나 등 중남 아메리카로 이주했거나 인도에 정착했습니다.

이 중 한 명으로, 브라질에 살고 있는 김명복 할아버지가 2015년 한국을 방문했습니다. 김명복 할아버지는 거제도에 들러서 한국 전쟁 당시의 포로 수용소를 둘러보고 끝없는 옛 생각에 잠겼습니다. 한국 전쟁이 일어났을 때 김명복 할아버지는 14살로, 평안북도 용천에 살고 있었습니다. 북한은 군인으로는 너무 어린 나이였던 김명복을 인

2015년 한국을 방문한
김명복 할아버지

민군에 입대시켰습니다. 김명복은 북한군이 되어 한 달 간 국군과 싸우다가 투항했다고 합니다.

포로가 된 김명복은 거제도의 포로 수용소에 가게 되었습니다. 남북 정부는 김명복에게 자기편을 선택하라고 끈질기게 설득했습니다. 투항한 김명복은 북한에 가면 북을 배신하고 남한의 포로가 되었다고 처벌받을 것 같았고, 남한 땅은 자신이 잘 알지 못하는 곳이었습니다. 그러나 무엇보다도 이념의 차이와 전쟁으로 갈등과 대립이 계속되는 이 땅을 떠나 새로운 곳에서 잘 살아가고 싶어 제3국을 선택했다고 합니다.

김명복은 인도를 거쳐 브라질에 정착했습니다. 브라질 농촌에 살면서 결혼을 하고 자식을 낳아서 생활을 하다 보니 한 번도 한국에 와 볼 생각을 못했다고 합니다. 2015년의 방문이 1954년 이 땅을 떠난 지 무려 61년 만의 '귀향'입니다. 김명복 할아버지가 한국에 들른 것은 자신의 이야기를 담은 다큐멘터리 영화 〈리턴 홈(Return Home, 귀향)〉의 촬영이 계기가 되었습니다. 〈리턴 홈〉은 김명복 할아버지가 고향을 떠난 후부터 고향에 돌아갈 때까지의 이야기를 담는다고 합니다. 그래서 2009년 시작된 영화 촬영은 아직 끝나지 않았습니다. 브라질 시민인 김명복 할아버지는 북한에 방문 신청을 했지만, 아직까지 북한이 받아들이지 않고 있기 때문입니다. 한국 전쟁으로 조국과 고향을 떠나야 했던 사람들에게 전쟁의 흔적은 아직까지 계속되고 있는 것입니다. 당시 제3국을 선택했던 88명 중 생존해 있을 것으로 추정되는 사람은 10명 정도입니다.

한국 전쟁 노래

사회 모습을 가장 잘 반영하는 것 중 하나가 노래입니다. 한국 전쟁은 사회에 워낙 큰 영향을 주었기 때문에 많은 노래에서 한국 전쟁의 흔적을 찾아볼 수 있습니다. 적을 물리치고 승리를 거두어야 한다고 강조하기도 하고, 전쟁으로 생긴 어려움이나 비참하고 힘든 생활을 노래하기도 합니다. 전쟁 상황을 직접 표현하지는 않더라도, 사람들의 마음이 노래에 반영되기도 합니다. 그중에는 어른들이 즐겨 부르는 대중가요도 있고, 아동을 대상으로 하는 동요도 있습니다.

추모 행사에서 전쟁 가요 메들리를 부르는 합창단

전우야 잘 자라

"전우의 시체를 넘고 넘어 앞으로 앞으로/낙동강아 잘 있거라, 우리는 전진한다/원한이야 피에 맺힌 적군을 무찌르고서/꽃잎처럼 떨어져 간 전우야 잘 자라."

'한국 전쟁' 하면 떠오르는 이 노래는 적을 물리치고 전쟁에서 승리를 거두자는 내용입니다. 이 노래는 국군과 유엔군이 1950년 9월 28일 서울을 되찾고 북으로 진격할 때 만들어졌습니다. 정식 군가는 아니지만, 군인들 사이에 널리 불렀습니다.

1960년대에는 여러 가수들이 불렀으며, 1970~80년대까지도 여자아이들이 고무줄놀이를 하면서 이 노래를 불렀을 만큼 모든 계층에 널리 보급되었습니다. 그만큼 적과 싸워 이겨야 한다는 것이 전쟁 기간은 물론 전쟁이 끝난 다음에도 오랜 기간 동안 강조된 셈입니다.

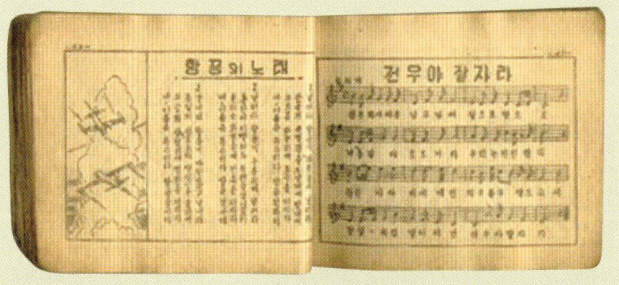

〈전우야 잘 자라〉 악보

1951년에 나온 '승리의 노래'도 고무줄놀이에 오랫동안 사용될 정도로 잘 알려진 노래입니다.

"무찌르자 오랑캐 몇 백만이냐/ 대한 남아 가는 데 초개로구나/ 나아가자 나아가 승리의 길로/ 나아가자 나아가 승리의 길로"

굳세어라 금순아

한국 전쟁을 노래한 가장 유명한 대중가요일 것입니다. 이 노래는 휴전 협상이 막바지였던 1953년에 만들어졌습니다. 전쟁의 상황을 그대로 담고 있어 당시 사람들의 마음을 자극했습니다. 노래에는 여러분이 앞에서 읽은 '흥남 철수 작전', '국제 시장' 등이 나옵니다.

〈굳세어라 금순아〉 앨범 재킷

노래는 "눈보라가 휘날리는 바람찬 흥남 부두에"로 시작합니다. 흥남 철수 작전 당시 피란민의 모습과 그로 인한 가족의 이별을 담고 있습니다. 2절에는 북한 월남민이 부산 국제 시장에서 장사를 하면서 살아가는 모습을 노래하고 있습니다.

"일가친척 없는 몸이 지금은 무엇을 하나/ 이내 몸은 국제 시장 장사치기다…"

꽃밭에서

"아빠하고 나하고 만든 꽃밭에/ 채송화도 봉숭아도 한창입니다/
아빠가 매어놓은 새끼줄 따라/ 나팔꽃도 어울리게 피었습니다."

이 노래는 동요 모음집에 빠짐없이 실려 있고, 음악 교과서에도 대부분 실린 유명한 노래입니다. 언뜻 듣기에는 꽃밭을 함께 만들고 활짝 핀 꽃을 보면서 즐거워하는 아이와 아빠의 모습이 떠오릅니다. 그러나 노랫말은 아빠를 만나지 못하는 아이의 안타까움을 담고 있습니다. 1953년에 발표된 이 노래는 전쟁으로 헤어진 아빠를 그리워하는 마음을 아빠가 손질하던 꽃밭의 모습으로 나타냈습니다.

나뭇잎 배

'꽃밭에서'가 헤어진 아빠에 대한 그리움을 담은 노래라면, '나뭇잎 배'는 두고 온 고향을 생각하는 노래입니다. 1955년 발표된 이 노래의 1절 가사는 다음과 같습니다.

"낮에 놀다 두고 온 나뭇잎 배는/ 엄마 곁에 누워도 생각이 나요/ 푸른 달과 흰 구름 둥실 떠가는/ 연못에서 사알살 떠다니겠지."

언뜻 아이들은 고향을 그리워하는 마음이 그렇게 크지 않을 것이라고 생각할 수도 있습니다. 그렇지만 전쟁이 끝나도 가 볼 수 없기에 아이들도 고향에서 놀던 때를 기억하면서 그리워할 것입니다. 이 노래는 그런 아이들의 마음을 연못에서 즐겁게 보내던 모습을 떠올리는 것으로 표현했습니다. 어쩌면 작가는 이 동요를 통해 고향을 그리워하는 아이들과 어른의 마음을 함께 노래한 것일 수도 있습니다.

3장

전쟁을 몸으로
겪은 사람들

· 사람 ·

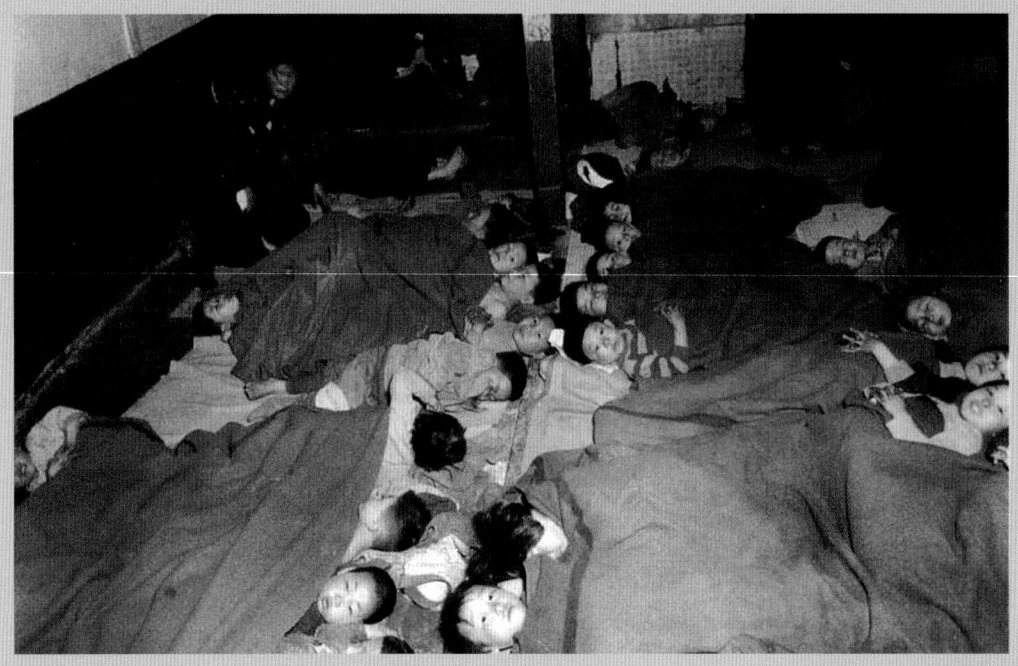

한국 전쟁 당시 부산의 고아원

강릉의 고아원으로 이동하기 위해
수송기 탑승을 기다리는 아이들

인천 상륙 작전 직후 부모를 잃고
목 놓아 우는 소녀

1 전쟁 고아
고아원에서, 하우스보이로

왼쪽 사진을 보면 정말 많은 아이들이 한 방에서 자고 있죠? 이불 하나를 여러 아이들이 함께 덮고 있고요. 이 사진은 한국 전쟁 당시 한 고아원의 모습입니다. 전쟁은 나라를 운영하는 정치가나 총을 들고 싸우는 군인들, 전쟁 중에도 돈을 벌어야 하는 어른들의 일만은 아니었습니다. 전쟁을 가장 실감 나게 몸으로 겪어야 했던 사람들 중 하나가 아이들이었습니다. 전쟁 중에 부모가 죽거나 부모와 헤어져, 많은 아이들이 혼자 살아가야 했습니다. 심지어 살림의 어려움이나 그 밖의 이유로 부모나 친척에게서 버림받은 아이들도 많았습니다.

탱크 앞에서 동생을 업고 있는 소녀

한국 전쟁으로 혼자가 된 아이들의 수가 얼마나 되는지는 확실하지 않습니다. 직접적으로 전쟁 때문에 고아가 된 아이들이 10만 명 정도라는 연구도 있습니다만, 이보다 훨씬 많다고 보기도 합니다.

이처럼 많은 전쟁 고아가 생겨났지만, 이들을 돌볼 수 있는 고아원은 턱없이 부족했습니다. 한국 전쟁 당시 국가나 지방 자치 단체에서 운용하는 국·공립 육아 시설은 서울 4개소, 경기도 5개소 등 전국을 합해도 18개소에 지나지 않았으며, 한 군데도 없는 지역도 많았습니다. 전체 수용인원도 4천여 명에 지나지 않았습니다.

상당수의 전쟁 고아들은 국제 연합군이나 외국 기관의 도움으로 운영되는 고아원이나 민간 육아 시설에서 살았습니다. 해외 단체나 외국인이 세운 시설들은 비교적 안정적으로 운영할 수 있었지만, 한국 민간인 단체가 운영하는 고아원은 전적으로 외부의 지원에 의존했으므로 재정이 늘 부족했습니다. 그래서 이곳 고아들은 좁은 숙소에서 제대로 먹지 못하고 지내야 하는 경우가 많았습니다. 고아원 아이들이 영양실조에 시달린다는 뉴스는 그리 드문 일이 아니었습니다. 더구나 일부 육아 시설 운영자가 외부에서 받은 지원을 중간에서 가로채기도 했습니다. 이곳에서 생활하는 아이들 중에는 학대를 받거나 힘든 노동에 시달리는 경우도 있었습니다.

'슈샤인보이'라 불린 구두닦이 소년

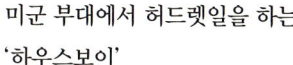

미군의 구두를 닦고 있어.

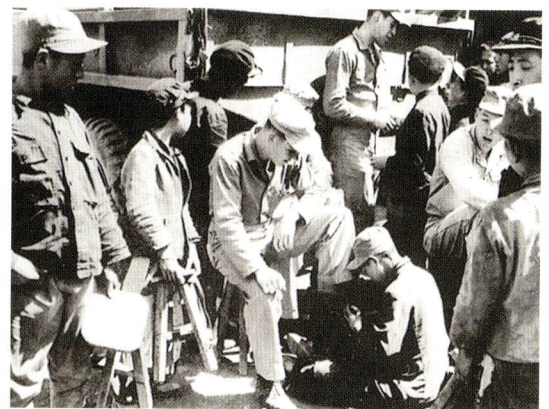

미군 부대에서 허드렛일을 하는 '하우스보이'

    그래도 어쩌면 고아원과 같은 육아 시설에서 지낼 수 있는 아이들은 형편이 나은 것일 수도 있습니다. 부모를 잃거나 부모가 살아있어도 부상 등으로 일을 할 수 없는 많은 아이들은 자신의 힘으로 살아가야 했습니다. 거리에서 껌이나 신문 같은 물건을 팔기도 했습니다. 이 중 한국 전쟁 당시 아이들의 모습을 담은 사진이나 영화 장면에서 자주 볼 수 있는 것이, 지나가는 사람들의 구두를 닦아주고 돈을 받는 슈사인보이

(shoeshine boy)입니다. '슈사인'이란 영어로 구두라는 뜻의 '슈(shoe)'와 '빛나다', '반짝이다'라는 뜻의 '샤인(shine)'를 합한 말입니다. 그러나 이런 일조차 구할 수 없던 아이들은 먹고 살기 위해 구걸을 하거나, 낡고 헤진 옷이나 버린 물건 중에서 쓸 만한 것을 주우며 살아갔습니다. 심지어 좀도둑이나 소매치기가 되기도 했습니다. 이들은 사회에서 확실한 일과 집이 없이 떠돌아다니는 부랑아로 인식되어 별다른 도움도 받지 못한 채 이중으로 어려움을 겪어야 했습니다.

이처럼 일을 해서 자기 스스로 생계를 꾸려갔던 아이들의 모습 중 하나가 미군 부대에서 청소나 빨래 같은 자질구레한 일을 하고 약간의 대가를 받았던 하우스보이입니다. 하우스(house)란 집이라는 뜻이지만, 한국 전쟁 당시 하우스보이는 주로 미군 부대에서 일하는 아이들을 가리킵니다. '보이'라는 말을 사용하지만, 이들 중에는 초등학생뿐 아니라 중학교나 고등학교에 다닐 만한 나이의 아이들도 있었습니다. 하우스보이는 그렇게 일을 해서 얻은 음식과 돈으로 동생을 먹여 살리기도 하고, 가정 살림을 뒷받침하기도 했습니다. 그렇지만 이런 하우스보이도 당시 아이들에게는 하고 싶은 일이었습니다. 미군의 음식을 먹을 수 있으니까 적어도 밥을 굶지는 않았으며, 돈을 받을 수도 있었으니까요.

이렇게 전쟁은 아이들에게 먹을 것조차 걱정하게 만들었습니다. 당시는 미군이 먹던 전투 식량이 한국인들에게는 최고 음식이었으며, 심지어 미군 부대에서 나온 음식 찌꺼기로 만든 꿀꿀이죽이 인기를 끌던 때였습니다. 하우스보이 중에는 영어를 공부하고 성실하게 일한 덕분에 미군의 눈에 띄어, 나중에 미국으로 건너가 공부하는 사례들도 생겨났습니다.

2 해외 입양 아동

태어난 조국 남북한이
돌보지 않은 아이들

전쟁으로 부모를 잃고 혼자가 된 아이들 중 일부는 외국 사람의 양아들이나 딸이 되어 떠나야 했습니다. 한국에 와서 오랫동안 지내던 외국 병사 중에는 하우스보이나 돌보던 고아원 아동과 정든 사람도 있었습니다. 이들은 전쟁의 두려움이나 한국이라는 낯선 땅의 외로움을 '귀여운' 아이와 지내면서 이겨냈습니다. 아이들은 때로는 부대 전체의 '마스코트' 역할을 했습니다. 그래서 귀국하면서 정든 아이를 자식으로 삼아 데려가는 경우가 생겨났습니다. 한국 전쟁이 끝나갈 무렵인 1953년에 시작된 전쟁 고아의 해외 입양은 점차 늘어났습니다. 특히 국제 연합군 중 절대 다수를 차지했던 미군에게 입양된 경우가 대부분

미군에 의해 제주도로 피란한
전쟁 고아

이었습니다. 미국 정부는 이민법을 바꿔 한국 아동을 입양하는 것을 쉽게 만들었습니다. 1953년 제정된 난민 보호법으로 10살 미만의 아동 4천 명을 미국 정부가 허가한 전체 이민자 수와 상관없이 미국에 입국할 수 있게 한 것입니다. 여기에는 평화와 인권을 존중하는 미국이라는 국가 이미지를 좋게 하려는 목적도 있었습니다.

이런 사례가 늘어나자 당시 이승만 정부는 해외 입양을 전쟁 고아 문제를 줄일 수 있는 좋은 대책으로 생각했습니다. 그래서 한국 아동 양호회라는 기구를 만들어 해외 입양을 추진했습니다.

해외로 떠난 아이들은 고아만이 아니었습니다. 전쟁 중 외국 병사와 외국 부대 근처에서 살던 젊은 한국 여성 사이에서 태어난 아동도 적지 않았습니다. 어머니의 형편상 이 아이들을 키우기는 쉽지 않았습니다. 더구나 겉으로 드러나는 피부색의 차이 등으로 놀림을 받아 다른 아이들과 어울리지도 못하는 경우가 많았습니다. 어머니가 혼자서 아이를 키우려 해도 정부가 해외 입양을 권유하기도 했습니다. 아버지 없이 자란 아이와 기지촌에서 미군을 상대로 하는 여성에 대한 부정적 인식 때문이었습니다. 그래서 이 아이들은 상당수 아버지의 나라로 가든지, 다른 나라에 입양되었습니다.

전쟁으로 힘들고 가난했던 한국을 떠나 미국 등 '잘사는' 나라에서 지내는 것이 아이들에게 오히려 낫지 않았을까요? 물론 그런 경우도 있었습니다. 그러나 생전 들어 보지도 못하고 말도 통하지 않는 낯선 나라에서 지낸다는 것은 결코 쉬운 일이 아니었습니다.

미국 가정에 입양된 한국 아동

한국 전쟁으로 시작된 해외 입양은 전쟁이 끝나고 시간이 흘러도 계속되었습니다. 정부는 오히려 해외 입양을 뒷받침할 제도를 마련했습니다. 1961년 5·16 군사 정변으로 권력을 잡은 박정희 정부는 가족과 헤어진 아이들의 경우, 부모를 찾는다는 공고를 딱 2번만 낸 뒤 부모가 나타나지 않으면 고아로 인정했습니다. 이렇게 해서 1980년대 한국 아동의 해외 입양은 수천 명으로 늘어났습니다.

21세기에 들어서도 고아의 해외 입양은 계속되고 있습니다. 2010년대까지 해외에 입양된 아동의 수는 20만 명에 이를 것으로 추산됩니다. 이 중 75퍼센트는 미국인에게 입양되었습니다. 제2차 세계 대전 이후 전 세계 입양 아동의 수가 50만 명 정도로 짐작되므로, 무려 40퍼센트가 한국 아동입니다. 그래서 한국은 '세계 최대 고아 수출국'이라는 부끄러운 말을 듣고 있습니다.

태어난 나라를 떠나 말과 생활 방식이 전혀 다른 외국에서 산다는 것은 어느 누구

동유럽에서 살아간 북한 전쟁 고아들의
이야기를 다룬 다큐

동유럽으로 입양된 북한 전쟁 고아들
(영화 '폴란드로 간 아이들' 스틸 컷)

전쟁으로 많은 고아들이
외국으로 보내졌어.

에게도 쉽지 않은 일입니다. 더구나 새로운 부모와 함께 하루하루 살아가야 합니다. 그런데도 아동과 입양 부모가 서로 얼굴을 보지도 못한 채 입양이 진행되는 경우도 많았습니다. 입양을 원하는 부모가 입양 기관에 신청을 하면, 그 기관에서는 보호하고 있던 아동 중에서 조건을 고려하여 입양 아동을 정하는 식입니다. 이 때문에 입양을 한 부모가 정작 아동을 만난 다음에는 마음에 들어 하지 않는 경우가 있었습니다. 반대로 입양 부모가 아동을 잘 기를 수 있는지 판단하는 자격 심사가 제대로 이루어지지 않아, 능력이 없거나 문제가 있는 사람에게 입양되는 경우도 있었습니다. 그래서 외국에 건너갔지만 입양이 취소되거나 입양 가정에 적응하지 못하고 여기저기 떠돌아다녀야 하는 아동이 생겨났습니다. 심지어 양부모에게 학대를 받는 아이들도 있었습니다. 외국으로부터 입양 승낙을 받았지만, 시민권을 받지 못해서 평생 국적이 없이 살아야 했던 입양 아동도 있었습니다.

　외국으로 건너가 살아야 했던 전쟁 고아는 남한 아동만이 아니었습니다. 북한 정부도 적지 않은 전쟁 고아를 해외에 보냈습니다. 소련의 주선으로 1950년대 1만여 명의 북한 전쟁 고아가 폴란드, 루마니아, 헝가리, 동독, 불가리아, 체코슬로바키아 등 동유럽 공산주의 국가에 가서 살았습니다. 당시 동유럽 국가들은 북한과 '형제 국가'임을 내세워, 전쟁 고아를 받아들였습니다. 동유럽으로 건너간 북한의 전쟁 고아들은 그곳에서 살면서 학교를 다니고 교육을 받았습니다. 남한의 전쟁 고아처럼 개인이나, 개인이 세운 사설 기관이 아니라 정부 차원에서 추진한 일이어서 동유럽에서 비교적 안정된 생활을 한 것으로 알려졌습니다. 동유럽 국가들과 북한은 자신들이 고아를 잘 돌본다며 다른 나라에 선전하는 데 이용하기도 했습니다. 이렇게 동유럽 국가에서 자라난 아이들 중에는 나중에 북한에 돌아와서 동유럽 국가들과의 외교 등에서 중요한 업무를 담당한 사람들도 있었습니다.

3 전쟁 미망인과 기지촌 여성

가정의 생계를 책임져야 했던 여성들

전쟁 중에 많은 여성들이 남편을 잃었습니다. 한국 전쟁으로 남편을 잃은 여성은 30만 명 이상으로 추정됩니다. 이들 여성을 가리켜 흔히 '미망인'이라고 부릅니다. 그중에 가장 많은 경우는 남편이 군인으로 나가서 싸우다가 죽은 사람들입니다. '미망인'은 남성을 기준으로 여성을 부르는 호칭인데다가 아직 죽지 않은 사람이라는 뜻이니까, 그리 좋은 의미는 아닙니다. 특히 다른 사람이 이렇게 부를 경우 큰 실례가 될 수 있습니다. 그래서 국립 국어원에서는 이 말의 뜻을 "남편을 여읜 여자"로 수정했습니다.

남편이 없는 집안에서 여성은 돈을 벌어 가정을 유지해야 했습니다. 자식을 키우고

| 전쟁으로 남편을 잃고
| 가족을 책임져야 했던 여인들

시부모를 부양해야 했습니다. 그러나 전쟁이 진행 중이거나 그 직후 사회에서 여성이 돈을 벌기 위해 할 수 있는 일은 별로 없었습니다. 농촌에 사는 여성은 농사일을 도맡아서 하고, 도시에서는 시장에 나가서 장사를 하거나 다른 집 일을 도와주고 얼마간의 대가를 받는 정도였습니다. 그러면서도 여전히 집안일을 혼자 했습니다. 지금처럼 시부모가 자식을 돌본다든지, 도와주는 것은 기대할 수 없었습니다. 그렇지만 불만을 품는 것은 물론, 힘들다는 내색조차 어려웠습니다.

사회에서는 남편이 나라를 위해 싸우다가 죽은 상황에서, 어머니이자 며느리로 자신을 희생해서 다른 가족을 지키는 것을 당연하게 생각했습니다. 행여 그렇지 않은 행동을 하면 비난을 받았으며, 심지어 '몹쓸 년'으로 몰리기도 했습니다. 이와 같은 사회 인식은 미망인 여성이 살아가는 것을 더욱 어렵게 하였습니다.

이런 어려움 속에서도 많은 미망인 여성들은 악착같이 돈을 벌어 가정 살림을 꾸리고, 자식을 학교에 보냈습니다. 자신에게는 돈을 거의 쓰지 않고 모아서 집안을 경제적으로 일으킨 사례도 종종 찾아볼 수 있습니다. 사회에서는 이들의 삶을 칭찬하는 말을 하지만, 전쟁이 남긴 자취는 고스란히 이들의 몫이었습니다. 전쟁에서 시작된 미망인 여성의 삶은 한국 사회에서 수십 년간 계속되었습니다.

전쟁을 몸으로 맞닥뜨려야 했던 여성은 또 있었습니다. 한국 전쟁을 계기로 많은 군부대가 만들어지고, 주변에는 군인들을 상대로 장사를 하거나 군부대 일을 하는 사람들이 생겨났습니다. 이런 일을 하면서 사람들이 살아가는 지역을 '기지촌'이라고 합니다. 군부대인 기지 근처의 마을이란 뜻입니다. 특히 한국 전쟁에서 남한을 돕기 위해 한국 땅에 들어온 미군 기지 주변에는 큰 규모의 기지촌이 들어섰습니다. 기지촌에는 옷이나 신발과 같은 일상용품, 음식점, 술집 등 군인들에게 필요한 물건을 파는 상점이나 위락시설들이 생겨났습니다.

그런데 '기지촌 여성'이라는 말은 흔히 기지촌에서 살아가는 여성들 전체가 아니라 군인들을 상대로 술을 파는 술집에서 일하는 여성들을 가리킵니다. 이런 일을 하면서 살아가는 기지촌 여성들의 수는 한국 전쟁 중이던 1952년 등록된 인원만 약 2만 7천 명, 등록하지 않은 인원까지 합하면 10만 명이 넘을 것으로 추정합니다. 전쟁이 끝나고 상당한 시간이 흐른 1960년대에도 몇 만 명에 이릅니다.

돈을 벌기 위해 자발적으로 찾아온 경우도 있었지만, 일자리를 찾다가 업자들에게 속아서 팔려 오기도 했으며, 협박에 이기지 못해 반강제적으로 이 일을 하는 경우도 있었습니다. 한번 이곳에 발을 들여 놓으면, 좀처럼 벗어날 수도 없었습니다. 그러나

1960년대 경기도 동두천 미군 기지촌 모습

사회에서는 이들을 오직 쉽게 돈을 벌고 자신의 쾌락만을 즐기는 여성으로 여겼습니다. 미군과 어울리고 이들에게 술을 팔아서 돈을 버는 여성을 가리켜 '양공주'라는 예쁜 말을 사용했지만, 이 말은 기지촌 여성을 향한 비아냥거림과 멸시를 담았을 뿐입니다.

이들 중에는 군인들과 자주 만나다 보니까 사귀는 경우도 있었습니다. 기지촌 여성과 미군 사이에는 종종 아이가 태어나기도 하였습니다. 백인이나 흑인인 미군과의 사

윤금이 사건 항의 집회 현장

미군에게 살해된
윤금이 사건 신문 기사

이에 태어난 자식은 사회의 멸시를 받았으며, 피부색이 달라 놀림감이 되기도 했습니다. 여성들은 하루하루 벌어먹고 살아야 하는 데다가 아이를 돌볼 시간도 없어서, 자식을 낳아도 제대로 어머니 역할을 하기 힘들었습니다. 직접 기르려고 해도 사회에서 받아들이지 않았습니다. 그래서 이들이 낳은 아이는 대부분 고아원에 보내졌으며, 거기에서 생활하다가 때로는 외국에 입양되기도 했습니다.

국가는 남성 군인들의 사기를 높인다는 이유로 이런 기지촌을 허가하고 기지촌 여성의 활동을 묵인하면서도, 정작 이들의 생활이나 권리에는 관심을 두지 않았습니다. 여기에는 미군이 한국 전쟁에서 우리를 도와주었으며 우리를 지키기 위해 와 있다는 생각도 한몫을 하였습니다. 그렇기 때문에 미군 병사의 웬만한 잘못은 넘어가야 한다는 생각이 컸습니다.

1992년 미군 기지가 있던 경기도 동두천에서 윤금이라는 이름의 한 기지촌 여성이 미군에게 잔인하게 살해되었습니다. 맥주병에 머리를 맞은 것이 죽게 된 직접적인 원인이었으며, 내장에 우산대가 꽂혀 있었습니다. 몸의 다른 곳에도 유리가 박혀 있었습니다.

이 사건으로 기지촌 여성에 대한 사람들의 관심이 높아졌습니다. 기지촌 여성도 대한민국 국민이라는 인식이 높아지고, 이들의 인권을 지키자는 운동이 일어났습니다. 생활 안정을 위한 지원을 하거나 관련된 법을 개정하는 등 국가나 지방 자치 단체들도 관심을 쏟기 시작했습니다. 이들이 지역 사회 속에서 함께 살아갈 수 있는 방안도 모색하고 있습니다. 그렇지만 인권을 제도적으로 보장한다든지, 이들에게 드리워진 멸시의 그림자를 대중의 인식 속에서 지워서 사회에서 함께 살아갈 수 있도록 하는 것이 여전히 남아 있는 과제입니다.

4 헤어진 가족

남과 북으로 갈려서, 남한 안에서도 만나지 못하는 사람들

1983년 6월 30일 한국 방송 공사(KBS)에서는 '이산가족을 찾습니다'라는 프로그램이 방영되었습니다. 한국 전쟁 33년, 휴전 30년 특집으로 기획된 프로그램이었습니다. 방송을 통해 분단과 전쟁으로 헤어진 가족이 만나는 장면을 보여 주려는 것이었습니다. 방송은 사람들의 뜨거운 반응을 불러일으켜 출연을 신청하는 이산가족들이 줄을 잇고, 수많은 사람들이 헤어진 가족을 찾기 위해 자신의 사연을 전하고자 KBS 방송국과 주변 여의도 광장에 몰려들었습니다. 여의도 광장은 이산가족과 이들이 사연을 적은 피켓으로 가득차고, 수많은 벽보가 붙었습니다. 이산가족들은 너나 할 것 없이 혹시 헤어진 가족을 만날 수 있을까 하는 마음에 방송에 귀를 기울였으며, 사연

| 헤어진 가족을 찾기 위해 KBS 방송국과
주변 여의도 광장에 몰려든 사람들

을 적은 벽보와 피켓을 일일이 확인했습니다. 이산가족의 감격스런 만남 장면을 보려고 시민들도 밤늦게까지 TV를 시청했습니다.

원래는 6월 30일 하루 95분으로 기획된 방송은 연장에 연장을 거듭하여 11월 14일까지 138일 동안 453시간 45분에 걸쳐 계속되었습니다. 이 기간 동안 방송에 출연하여 사연을 소개한 인원은 53,536명이었으며, 10,189명의 이산가족이 만났습니다. 그리하여 헤어진 사연, 이후의 어려운 생활, 헤어진 가족에 대한 그리움, 만나기

담벼락에 빼곡히 붙은
이산가족 찾기 벽보

KBS 이산가족 찾기 방송 장면

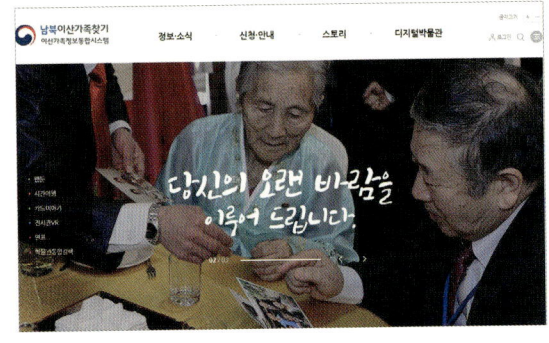

오늘날에는 남북 이산가족 정보 통합 시스템 홈페이지를 통해 만남을 신청할 수 있다.

위한 노력, 방송을 통해 실제로 만나게 된 과정 등을 담은 '이산가족을 찾습니다' 프로그램의 내용은 유네스코 세계 기록 유산에 선정되기도 했습니다.

  한국 전쟁은 수많은 가족들을 헤어지게 만들었습니다. 황급히 피란하다가 가족을 놓치기도 하고, 잠깐 피란했다가 되돌아오려고 혼자나 가족 몇 명만 떠났다가 집에 돌아가지 못한 경우도 많았습니다. 갑자기 군인으로 뽑혀서 전쟁터로 끌려가 생사를 알 수 없는 사람도 많았습니다. 방송은 전쟁으로 헤어진 많은 이산가족을 수십 년 만에 만날 수 있게 했습니다. 국내는 물론 해외에 살고 있는 이산가족을 대상으로도 진행되었습니다.

그러나 남과 북으로 갈려서 살아가는 많은 이산가족을 찾아 주는 방송 프로그램은 가능하지 않았습니다. 이산가족 찾기 방송보다 훨씬 전인 1971년 8월 대한 적십자사는 북한 적십자사에 남북 이산가족 찾기를 위한 적십자 회담 개최를 제안했습니다. 북한 측에서 이를 받아들이면서 남북 적십자 회담이 열렸지만, 실제 남북 이산가족 찾기 사업은 진행되지 않았습니다.

남북 정부의 합의로 남북 이산가족이 처음 만날 수 있었던 것은 1985년이었습니다. '남북 이산가족 고향 방문단 및 예술 공연단'으로 남측 35명과 북측 30명의 가족이 만났습니다. 그러나 이는 일회성 행사로 이후 오랫동안 남북 이산가족의 만남은 중단되었습니다. 세월이 흘러 2000년 6월 15일 남한의 김대중 대통령과 북한의 김정일 국방 위원장이 만난 남북 정상 회담을 계기로, 남북 이산가족 만남이 규칙적으로 열리게 되었습니다. 그해 8월 15일부터 18일까지 남북 이산가족 만남이 이루어진 것을 시작으로 2018년 8월 20일부터 26일까지 제21차 남북 이산가족 만남이 계속되었습니다.

북한 주민이 남한에 와서 이산가족을 만난 것이 331 가족 2천 7백 명, 남한 주민이 북한에 가서 이산가족을 만난 것은 4,024 가족 18,061명이었습니다. 그 밖에 2020년 8월까지 3천여 명의 남북 이산가족은 남북 정부 간의 공식적인 절차가 아니라 개인적인 통로로 만났습니다. 3천 7백여 명의 이산가족은 직접 만나지는 못했지만 화

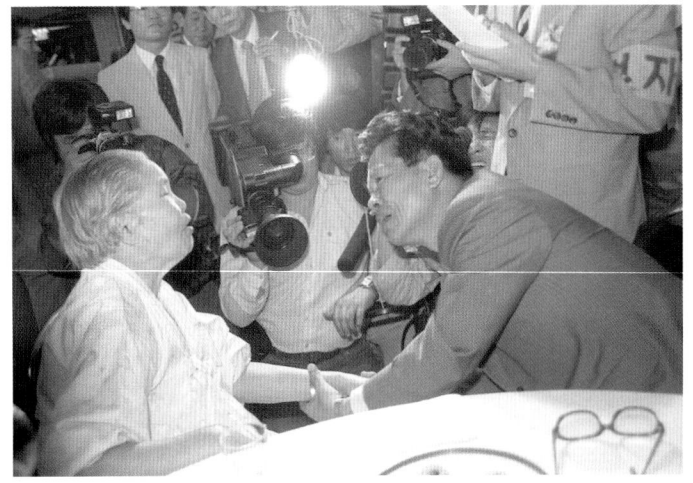

1985년 고향 방문단의
남북 이산가족 상봉 현장

면을 통해 얼굴을 확인하면서 이야기를 나누었고, 7만여 명의 이산가족은 생사를 확인했습니다. 통일부는 '남북 이산가족 정보 통합 시스템'을 만들어 이산가족의 만남을 돕고 있습니다.

그러나 이런 남북 이산가족 만남은 아무 때나 할 수 있는 것이 아니었습니다. 남북 사이가 좋을 때면 이루어지다가 그렇지 않을 때면 중단되는 일이 반복되고 있습니다. 남북 이산가족을 이야기할 때 흔히 '1천 만 남북 이산가족'이라는 표현을 씁니다. 북한에 고향을 두고 남한에 내려온 실향민과 그 2~3세대 후손을 포함한 가족, 친척을 포함한 숫자입니다. 그렇지만 이산가족의 범위가 명확하지 않은 데다가 전쟁이 끝난 지 70여 년이 된 현재 전쟁 때 남북으로 갈라진 이산가족 중 많은 분들이 돌아가셔서 그 실태를 파악하기는 어렵습니다. 남북 이산가족 찾기 사업은 계속되고 있지만, 헤어진 가족이 다시 만나기는 그만큼 어려워지고 있습니다.

전쟁으로 달라진 교육의 모습

한국 전쟁 중에도 교육은 계속되었습니다. 물론 평소와 같을 수는 없었습니다. 전쟁 직후 전투의 현장이 되거나 북한군에 점령된 지역의 학교는 일시적으로 문을 닫았습니다.

전쟁 중에는 임시 학교에서 임시 교과서로 공부를 하는 경우가 많았습니다. 한국 전쟁은 휴전을 한 다음에도 학교 교육에 깊은 영향을 미쳤습니다. 전쟁이 끝나자 미루어 왔던 학교 교육을 받으려는 열기로 사회가 뜨거워졌으며, 이는 학교 교육을 크게 확대했습니다.

천막 학교

학교 교육을 하는 데 가장 크게 문제가 되는 것은 교실이었습니다. 전쟁 중이라 갑자기 학교 시설을 크게 늘릴 수도 없었습니다. 길거리에서 학생들을 모아 놓고 수업을 하는 경우도 종종 있었지만 비바람과 햇볕을 막을 수 없는 길거리 수업을 계속할 수는 없었습니다. 그래서 전국의 피란지와 전쟁 피해가 심하지 않은 후방 곳곳에는 길에다 천막을 치고 의자를 가져다 놓은 채 공부를 하는 천막 학교가 세워졌습니다. 이후 천막 학교는 우리의

| 전쟁 중 길거리에서 공부하는 학생들 | 천막 학교

교육 의지를 보여 주는 상징이 되었습니다.

운크라 지원 교과서

전쟁 중 우리는 군사력뿐 아니라 교육, 문화에서도 국제 연합의 도움을 받았습니다. 대한민국은 한국 전쟁 직전인 1950년 6월 14일 국제 연합 교육 과학 문화 기구인 유네스코에 가입했습니다. 한국 전쟁 이후 유네스코는 한국의 교육을 다시 일으키기 위한 지원 활동을 했습니다. 그중 대표적인 것이 교과서 발행입니다. 교과서 제작을 직접 후원한 곳은 운크라(UNKRA, 국제 연합 한국 재건단)입니다. 학생들은 운크라의 지원을 받아 만든 교과서로 공부를 했습니다. 교과서에는 운크라의 지원을 받았다는 것과, 교과서를 아껴서 사용하는 것이 적을 이기는 길이라고 쓰여 있었습니다.

운크라 지원 교과서
국제 연합 기증 문구

전시 임시 교재

전쟁 중에는 초·중등학교용 임시 교재를 만들어 학교에 보급했습니다. 이 교재들은 국군과 유엔군이 어떤 활동을 했는지 다루고, 반드시 전쟁에 이겨 적을 물리치자는 의지를 담고 있습니다. 지금의 초등학교인 국민학교 교재는 《전시생활》, 중학교는 《전시독본》입니다. 교재의 제목도 '비행기', '탱크', '군함'과 같은 무기나, '우리는 반드시 이긴다', '우리도 싸운다'와 같이 적과 싸워 이기겠다는 결의를 다지는 이름을 붙였습니다. '우리나라와 국제 연합'이라는 이름으로 국제 연합과의 관계를 강조하거나, '겨레를 구하는 정신'과 같이 확실한 정신 자세가 있어야 전쟁에서 이길 수 있음을 강조하기도 합니다.

1950년대
국민학교 입학 모습

초등학교 의무 교육

전쟁이 끝난 이듬해인 1954년부터는 지금의 초등학교를 말하는 국민학교에서 6년간 의무 교육이 시행되었습니다. 원래 국민학교 의무 교육은 1951년부터 시작될 예정이었지만 전쟁으로 중단되었다가 1954년부터 시행되었습니다. 이 해부터 모든 아동은 학교에 다닐 수 있었고, 부모들은 자녀를 반드시 학교에 보내야 했습니다. 단, 지금과는 달리 학교는 무료가 아니라 기성회비라는 이름의 수업료를 내야 했으며, 교과서도 따로 돈을 내고 사야 했습니다. 그래서 상당 기간 동안 적지 않은 아동이 여전히 학교에 다니지 못했습니다. 지금과 같은 중학교 의무 교육 제도는 1984년 법이 만들어져 1985년 섬이나 산골, 외진 농촌부터 시행되었지만, 2002년에서야 전국적으로 확대되었습니다.

좁은 교실에 학생들이 빽빽하게 앉아 있는 모습

콩나물 교실

한국 전쟁이 끝난 다음 출산율이 급격히 높아져 태어나는 아이들이 크게 늘어났습니다. 전쟁이 끝나면 인구가 증가하는 것은 세계 여러 나라의 공통적으로 나타나는 현상입니다. 이때 태어난 사람들을 베이비 붐 세대, 베이비 부머라고 합니다. 한국에서 1955년부터 1963년까지 태어난 아이는 720만 명에 이릅니다. 2020년 태어난 신생아가 30만 명이 되지 않는 것을 생각하면 이때 태어난 아이가 얼마나 많은지 알 수 있죠?

이들이 초등학교에 들어가기 시작한 1960년대 초부터 학생 수가 크게 늘어났지만, 학교 설립은 그 속도를 따라가지 못했습니다. 그래서 도시의 국민 학교는 오전반과 오후반을 나누어 운영하는 2부제 수업을 했습니다.

1970년대 2부제 수업을 받는 학생들

한 반 학생수가 80명을 넘는 경우는 보통이고 심지어 90명을 넘기도 했습니다. 콩나물시루와 같이 학생들이 교실에서 빽빽이 앉아서 공부한다고 해서 이런 모습을 '콩나물 교실'이라고 불렀습니다.

4장

전쟁이
무너뜨린 것

· 파괴 ·

한국 전쟁 당시 폭격으로 파괴된 중앙청 세종로

1 생명과 산업 시설

전쟁만을 위한 폭력

왼쪽 사진은 지금의 경복궁 앞길인 한국 전쟁 당시 서울 중앙청 앞 세종로의 모습입니다. 사람들이 무너진 건축물 더미 속에서 혹시 쓸 만한 물건이 없나 찾고 있죠? 다음 장은 평양 중앙역의 조차장 사진입니다. 조차장은 기관차를 보관하고 수리하는 시설입니다. 사진 위쪽으로 폭격을 받아 건물들이 무너진 모습을 볼 수 있습니다. 이처럼 남한 수도인 서울과 북한 수도인 평양 거리 곳곳은 전쟁으로 파괴되었습니다. 그렇지만 전쟁으로 파괴된 것은 거리와 건물만이 아닙니다.

3년간 계속된 전쟁으로 많은 사람들이 죽거나 다쳤습니다. 전쟁 중에 정확한 조사

한국 전쟁 당시 평양 중앙역 조차장

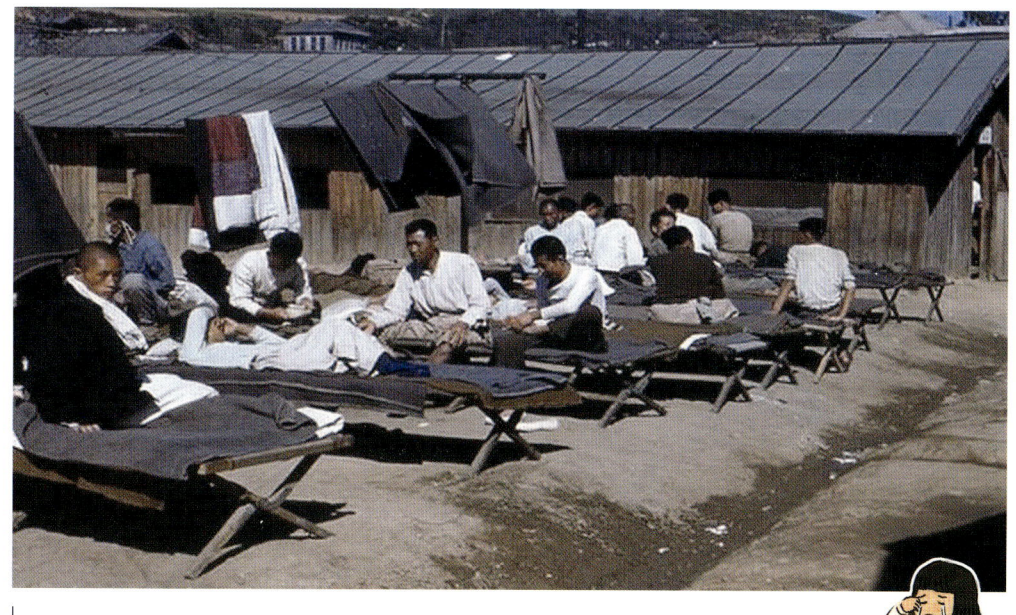

한국 전쟁 중 부산에 마련된 스웨덴 야전 병원

가 되어 있지 않아서 얼마나 많은 사람들이 죽거나 다쳤는지 제대로 알기도 어렵습니다. 더구나 남한과 북한 정부가 발표한 통계에도 큰 차이가 있지만, 남북한을 합해 군인 50만 명 이상이 목숨을 잃었습니다. 한국 전쟁에 참가했던 3만여 명의 국제 연합군, 20만 명에 가까운 중국군 병사들도 목숨을 잃었습니다. 부상당한 병사들은 150만 명이 넘습니다.

목숨을 잃거나 다친 것은 군인들만이 아닙니다. 남북한을 합해서 민간인 100만 명 이상이 죽거나 행방불명된 것으로 추정되며, 50만 명이 넘는 민간인이 부상당했습니

학살이 이루어진
노근리 쌍굴
(동그라미, 세모, 네모
표시는 총탄 자국)

다. 남북은 서로 자기 측 민간인들이 많이 죽거나 다쳤다고 발표함으로써, 은근히 상대방이 민간인들까지 가리지 않고 공격했다고 강조했습니다. 남북 정부가 서로 사망자, 희생자 수까지 자신들의 정당성을 선전하는 데 이용하려는 것이었습니다. 아무리 전쟁 중이라고 해도 전투 행위를 하지 않는 민간인을 공격하는 것은 인간으로서 하지 말아야 할 행동으로, 국제 연합은 이를 범죄 행위로 규정하였습니다.

전투가 벌어지는 현장에 있지 않았는데도 많은 민간인들이 양측 군대나 정부에게 희생되었습니다. 전쟁이 일어나자 남한에서는 수십만 명의 국민 보도 연맹원이 처형되었습니다. 국민 보도 연맹원은 원래 좌익 활동을 하다가 공산주의 사상을 버리고 자유주의 이념을 받아들였다고 선언한 사람들로 구성된 단체입니다. 그러나 전쟁이 일어나자 이들이 북한에 협력할 것을 우려한 이승만 정부가 대대적인 학살을 저지른 것입니다. 경남 거창과 산청 일대에서는 빨치산과의 연결을 차단하고 근거지를 없앤

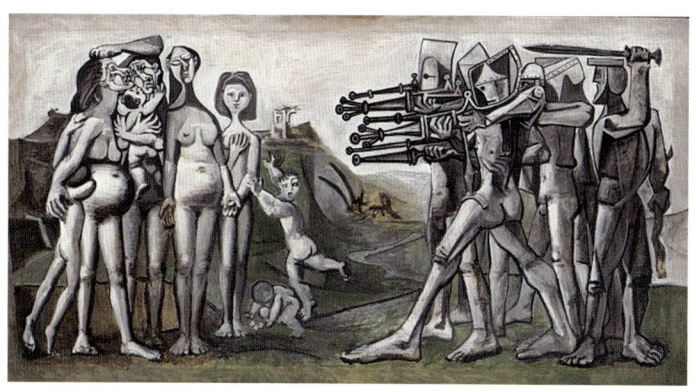

피카소가
신천 학살 사건을 소재로
그린 〈한국에서의 학살〉

다는 명목으로 주민들을 적으로 몰아 죽였습니다. 빨치산과 내통한 적이 없는데도 산골에 산다는 이유로 학살한 것입니다. 공산 분자를 토벌했다는 공을 만들어 내기 위한 행동이었습니다. 충북 영동의 노근리에서도 별다른 이유 없이 주민들이 미군에게 학살되었습니다. 지시에 조금이라도 따르지 않거나 의심스럽다고 생각하면 적으로 간주한다는 방침에 따른 것이었습니다.

북한군에 의한 학살도 여러 곳에서 일어났습니다. 북한군은 서울을 점령한 다음 병원에서 치료를 받던 국군 부상병을 죽이고 인민군을 치료받을 수 있게 하였습니다. 후퇴하기 전 대전과 전주 형무소 등에 가두었던 사람들을 대대적으로 처형했습니다. 국군과 국제 연합군이 북한으로 진격하자, 후퇴하던 북한군은 평양과 함흥 곳곳에서 출신과 사상을 검증하여 '적'에게 협력할 수 있다는 이유로 많은 사람을 학살했습니다.

황해도 신천에서는 양측 군대가 진격과 후퇴를 반복하는 과정에서 우익 청년단이 한 것으로 보이는 대규모 주민 학살이 일어났지만, 학살의 원인과 과정, 희생자가 어느 정도인지 등 진상은 제대로 밝혀지지 않았습니다. 신천 학살 사건은 세계적 화가인 피카소의 그림 소재로 사용될 만큼 당시 국제 사회에서도 관심 대상이 되었습니다.

경제적 피해는 말할 것도 없었습니다. 남한 공업 생산 시설과 건물이 절반 가까이 파괴되었습니다. 특히 인쇄업이나 방직업은 60~70퍼센트나 되는 건물과 시설이 피해를 입었습니다. 국제 연합군 비행기의 지속적인 공격을 받은 북한의 경제적 피해는 훨씬 더 심각했습니다. 전체적으로 북한의 공업 생산액은 36퍼센트 줄어들었습니다. 그렇지만 철이나 석탄 같은 광업 자원의 생산은 90퍼센트가 감소했으며, 전력 생산도 70퍼센트 이상 줄어들었습니다. 공업 생산 능력이 현저히 떨어진 남한과 북한은 다른 나라의 도움을 받아 경제적 피해를 극복해야 했습니다. 남한은 주로 미국의 도움을, 북한은 소련과 동유럽 공산주의 국가들의 도움을 받았습니다.

2 빨갱이와 반동분자

남북 사람들의 마음의 거리

전쟁 초기 남한 대부분을 점령한 북한은 반공 활동을 활발히 하거나 공산주의에 적대적인 사람들을 찾아내서 처형하거나 감옥에 가두었습니다. 남한의 군인 장교와 경찰 간부, 우익 단체와 정당 간부, 판검사 등이 그 대상이었습니다. 친일 활동을 했던 사람, 지주와 자산가, 친미 인물도 잡아 가두고 재산을 몰수하였습니다. 북한은 이들을 '반동분자'라고 불렀습니다.

반동분자를 찾아내는 데 앞장선 것은 공산주의 사상을 품은 채 남한 사회에서 조용히 살던 사람들이었습니다. 이들은 북한이 대중, 여성, 청년들을 대상으로 만든 여러 단체에 들어가 반동분자를 찾아내는 데 주도적인 역할을 했습니다. 평소에 공산주의

인민재판 모습

를 비판하는 말을 했다든지, 단지 미국 유학을 했다는 이유만으로 반동분자로 지목했습니다. 심지어 자신들에게 호의적이지 않거나 사이가 좋지 않았던 사람까지 반동분자로 모는 경우도 있었습니다. 이처럼 반동분자로 잡힌 사람들은 정식 재판도 받지 않은 채 '인민재판'이라고 불리는 거리의 대중 집회를 통해 처형되기도 했습니다. 그 밖의 다른 사람들은 반동분자로 몰리지 않기 위해 인민재판에 참여하고, 반동분자로 지목된 사람들을 처벌해야 한다고 주장해야 했습니다.

북한군이 쫓겨나고 국제 연합군이 들어오자 정반대 현상이 발생했습니다. 이승만 정부는 북한 점령 당시 협력했던 공산당원이나 위원회 위원들을 처형하거나 감옥에 가두었습니다. 강제로 북한군에 들어갔거나 노동에 동원된 사람, 월북을 한 가족이 있는 사람들도 처벌 대상이었습니다. 심지어 서울에 살던 사람들은 북한군이 서울을 점령할 당시, 한강을 건너 남으로 내려왔느냐 아니냐를 두고 북한에게 협력했는지 안 했는지를 가리는 기준으로 삼기도 했습니다.

많은 사람들은 전쟁 초기 상황을 제대로 알지 못했고, 북한군이 워낙 빨리 서울을 점령한 탓에 피란을 가려고 해도 그럴 만한 시간이 없었습니다. 그런데도 북한에 우호적이었기 때문에 피란을 하지 않았고, 이에 비추어 당연히 북한의 통치에 협력했을 것이라는 논리였습니다.

북한에 협력한 사람들을 찾아내는 데는 북한군이 점령하였을 때 숨을 죽이고 살던 사람들이 앞장섰습니다. 이들은 북한을 지지하거나 협력한 사람을 찾아내 '빨갱이'로 몰아붙였습니다. 확실한 증거가 없더라도 이웃 사람이 공산당에 협력했다고 신고했거나, 심지어 북한 정부가 알려 준 노래를 기억하고 있다는 이유를 들기도 했습니다. 개인적으로 사이가 좋지 않거나 이해관계가 엇갈린 사람들을 빨갱이로 모는 경우도 있었습니다.

전쟁이 진행되면서 어떤 지역을 점령하면 자기편에 협력하지 않는 사람들을 적대시하고 처벌하는 일이 자주 일어났습니다. 이런 사회 분위기를 틈타 일부 사람들은 군대나 권력에 기대어 자신과 평소 갈등을 빚거나 대립관계에 있던 사람들에게 보복했습니다. '반동분자'나 '빨갱이'로 고발하거나 숨어 있는 사람을 찾아내는 데 평소 알고 지내는 이웃이나 심지어 친구가 앞장서는 경우도 있었습니다. '이웃사촌'이나 '죽마고우'는 책에나 나오는 말이었고, 이들의 행동은 오직 전쟁을 이용해서 자신의 이득을 취하려는 것이었습니다. 다른 편 군대가 점령하면 처지두 반대가 되었지만, 이런 행위는 멈추지 않았습니다. 가해와 보복이 이어지면서 사람들은 점령한 쪽의 눈치를 보아야 했습니다. 심지어 종이에 이름을 적더라도 북한군이 점령했을 때는 한글, 국군이 들어왔을 때는 한자를 사용했습니다. 북한이 한글 전용 정책을 폈기 때문에,

남한과 북한의 선전 삐라들

한글을 사용하는 것이 북한을 지지하는 것으로 보이게 될까봐 걱정했기 때문입니다.

'빨갱이'와 '반동분자'는 한국 전쟁으로 완전히 갈라진 남북 사람들의 마음의 거리를 그대로 보여 주는 말입니다. 전쟁이 끝난 다음에도 북한과 남한에서 반동분자와 빨갱이는 사람들이 가장 두려워하는 말이 되었습니다. 사람들은 사회를 보는 눈이 자신과 다르거나 갈등을 빚을 경우 상대방을 반동분자와 빨갱이로 몰았습니다. 반동분자와 빨갱이는 권력을 잡은 사람들이 자신을 비판하거나 정치적 경쟁자를 탄압하는 수단으로 이용되는 경우도 많았습니다.

3 마을 사람들의 마음
이웃사촌이 철천지원수로

전라북도 고창의 용전 마을과 죽림 마을은 이웃하고 있는 마을입니다. 용전 마을에는 김씨, 죽림 마을에는 천씨들이 모여 살고 있습니다. 원래 두 마을 사람들은 혼인을 맺을 만큼 가까이 지냈습니다. 그런데 이들은 50년 가까이 교류는커녕 말조차 하지 않고 있습니다. 그 이유를 좀처럼 외부 사람에게 이야기하려고도 하지 않습니다.

1999년 KBS에서 방송된 〈20세기 한국사: 해방〉 시리즈 5편 〈전쟁으로부터 해방〉은 이런 내용으로 시작됩니다. 두 마을 사람들이 왕래하지 않고 지내는 것은 한국 전쟁 때부터입니다. 한국 전쟁 당시 이곳 마을 사람들은 남북 중 서로 다른 한쪽 편을 들

〈전쟁으로부터 해방〉
오프닝 장면

었습니다. 그리고 자기가 지지하는 편이 이 지역을 장악하면 권력의 힘을 이용해서 서로를 학살했습니다. 이때 생겨난 원한과 앙금은 전쟁이 끝나고 오랜 시간이 지나도 사라지지 않았습니다.

　이렇듯 전쟁은 국가나 군대뿐 아니라 민간인 사이에도 적지 않은 갈등을 불러 일으켰습니다. 갈등은 마을과 마을 간에 생겨나기도 했고, 심지어 한 마을 안에 사는 사람들 간에 벌어지기도 했습니다. 한국 전쟁 당시 많은 농촌 마을에서 하는 일이나 처지가 비슷한 사람들이 함께 살았습니다. 옛 양반이나 지주가 모여 사는 마을이 있는 반면, 마을 사람들 대부분이 머슴 일을 했거나 땅을 빌려 농사를 짓는 소작인인 경우도 있었습니다. 물론 다양한 계층의 사람들이 섞여 사는 마을도 있었습니다. 마을 구성원들의 이런 차이는 대부분 해방 이전부터 이어진 것이었습니다. 그런데 사람들은 자신의 출신이나 처지에 따라 전쟁을 달리 받아들였습니다.

머슴이나 소작인들은 전쟁 초기 사는 곳을 점령한 북한군과 그들의 정책에 호의적인 경우가 많았습니다. 마을 사람들 대부분이 북한을 지지하는 경우도 있었습니다. 반대로 양반과 지주는 북한군과 북한의 통치에 매우 부정적이었습니다. 특히 북한이 남한의 점령 지역에서 시행한 토지 개혁은 이런 갈등을 부추겼습니다.

토지 개혁은 지주의 땅을 빼앗아 일반 농민들에게 아무런 돈을 받지 않고 나누어 주는 북한의 토지 정책입니다. 38도선 이북에서는 1946년 이미 시행했습니다. 주인의 땅에서 일을 하는 머슴이나 다른 사람의 땅을 빌려 농사를 짓는 소작인은 토지 개혁을 지지한 반면, 옛 양반 출신이나 자신이 가진 땅을 빌려주고 소작료를 받는 지주는 반대했습니다.

한국 전쟁이 일어날 당시 남한에서도 이미 농지 개혁이 시행되고 있었습니다. 남한의 농지 개혁은 북한의 토지 개혁과는 달리 국가가 돈을 주고 지주의 땅을 사서, 농사를 짓는 농민들에게 파는 방식이었습니다. 남한 농민들은 이 정책에 기대를 걸고 있었습니다. 농민들 입장에서는 북한의 토지 개혁이 유리하였지만, 북한이 전쟁 중 점령 지역에 갑자기 시행한 정책이어서 믿음이 가지 않았습니다. 그 효과도 애초에 북한 땅에서 시행했을 때보다 훨씬 적었습니다.

머슴이나 소작인들이 무조건 북한 정권을 지지한 것은 아니었습니다. 그렇지만 자기 마을을 점령한 북한이 마을에서 힘을 가지고 있던 지주나 부자들을 좋지 않게 본다는 점을 이용하여, 마을이나 지역 사회에서 주도권을 잡았습니다. 북한도 점령 지역을 효율적으로 통치하기 위해서 이들을 이용했습니다.

이런 갈등은 출신이나 처지가 다른 사람이나 그들이 모여 사는 마을 사이에서만 일

북한 토지 개혁의 모습

어난 것은 아니었습니다. 양반 마을 간에도 벌어졌습니다. 한국 전쟁 당시에는 핏줄이 같은 친인척들이 모여 살거나 성씨가 같은 사람들이 모여 사는 농촌 마을이 꽤 남아 있었습니다. 이런 마을은 주로 조선 후기에 양반들이 만든 것이었습니다. 대립하거나 경쟁 관계에 있던 양반 마을이 이웃할 경우, 전쟁 중에 서로 다른 편을 들기도 했습니다.

북한군이 물러나고 국군이 그 지역을 되찾자, 북한을 지지한 사람들에게는 가혹한 처벌과 보복이 기다리고 있었습니다. 북한의 통치에 협력한 사람들은 대한민국을 반역하는 행위를 했다고 처벌받았습니다. 북한에 동조한 마을의 젊은이들 대부분 처벌 대상이 되었습니다. 이와는 별도로 마을 사람들간에 개인적, 집단적 보복도 계속되었습니다. 이런 보복은 북한에 협력했거나 자신들에게 직접 피해를 준 사람들뿐 아니라 그와 인척 관계이거나 가깝게 지내는 사람들도 그 대상이 되었습니다. 한 마을이 다른 마을을 상대로 한 집단 보복도 있었습니다.

이처럼 남과 북, 국제 연합군과 중국군 간의 전쟁 외에도 마을 안에서는 '작은 전쟁'이 계속되었습니다. 어느 한쪽 편 군대가 시켜서 어쩔 수 없이 따라야 하는 경우도 있었지만, 그 힘을 이용해서 마을을 장악하고 개인적 이익을 얻고자 하는 의도도 있었습니다. 국가나 군대, 경찰과 손을 잡은 사람들이 일방적으로 이기는 전쟁이었습니다. 사람들은 권력의 힘이 얼마나 큰지 알게 되었으며, 국가의 정책이 마음에 들지 않더라도 자기 생각을 겉으로 드러내지 않았습니다.

이렇게 생겨난 마을과 마을, 마을 안의 갈등과 상처는 전쟁이 끝난 다음에도 오랫동안 지워지지 않았습니다. 앞에서 살펴본 KBS 방송의 용전 마을과 죽림 마을은 그런 사례였습니다. 전쟁은 마을 사람들의 삶과 공동체를 허물어 버렸습니다. 그 상처를 입은 마을 사람들은 이웃사촌은 둘째 치고, 영원히 지워지지 않은 상처를 간직한 채 갈등과 대립 속에 살아야 했습니다.

4 남과 북의 왕래
마음까지 닫힌 분단

1953년 7월 27일 휴전이 체결되고 3년 1개월의 전쟁이 끝났습니다. 남과 북 사이에는 휴전선이 그어졌습니다. 동해안부터 서해안까지 이어져 있는 휴전선의 길이는 248킬로미터에 달합니다. 흔히 미국에서 사용하는 거리의 단위를 써서 '휴전선 155마일'이라는 표현을 사용합니다. 이 휴전선을 경계로 남북 사람들의 왕래는 아주 끊어졌습니다. 이후 휴전선은 남북 분단의 상징이 되었습니다.

'휴전선'하면 어떤 모습이 떠오르나요? 높다란 철조망이 쳐져 있고 군인들이 수시로 북에서 누가 넘어오지 않나 경계하고, 반대로 남에서 넘어가지도 못하게 감시하는

한국 전쟁이 일어나기 전
그어진 38도선

땅바닥에 대충 그어 놓은 38도선

모습이 떠오를 것입니다.

　한국 전쟁이 일어나기 전에도 남북 사이에는 38도선이라는 분단선이 있었습니다. 일본이 우리나라를 식민지로 지배할 당시 적지 않은 일본군이 한반도에 주둔하고 있었습니다. 만주 일대에서 활동하던 독립군을 비롯한 한국인의 저항을 억누르고 일본의 식민 통치에 불만을 드러내지 못하게 하려는 목적이었습니다. 당시 일본은 중국과 전쟁을 하고 있었기 때문에, 필요할 경우 중국에 있는 일본군을 지원하는 역할도 했

남방 한계선의 철책을 순찰하는 군인들

군사 분계선 팻말

습니다.

1945년 8월 15일에 일본이 항복하자, 연합국은 북위 38도선을 경계로 남쪽은 미군, 북쪽은 소련군이 맡아서 일본군의 무장을 해제하기로 합의하였습니다. 남북 사이에 충돌을 막기 위한 것이 아니었으므로 사진에서 보는 바와 같이 땅바닥에 금을 하나 그어 놓거나 표지판을 세워 놓는 정도로 구분했습니다. 그러기에 일반 사람들도 38도선을 넘어 왕래할 수 있었습니다. 해방 후 거의 1년이 지난 1946년 7월까지는 일반인이 38도선을 넘어 북한으로 가는 것을 막지 않았습니다. 1948년 4월까지는 북한에서 생산된 전기가 남한에 보급되기도 했습니다.

그러다가 미국과 소련 사이에 갈등이 심해지고, 이념 대립이 확산되면서 점차 남북 간 왕래는 어려워졌습니다. 1948년 8월 15일 남한에 대한민국 정부가 세워지고 9월 9일 북한에 조선 민주주의 인민 공화국 정부가 들어서면서 분단은 굳어졌습니다. 남

비무장 지대(DMZ)

　북을 왕래하는 것은 물론 38도선을 넘어가는 것이 불가능했습니다. 그렇지만 사람들 마음속에 38도선은 임시로 그어 놓은 것이었습니다. 분단은 일시적인 것으로, 얼마 지나지 않아 통일될 것으로 생각하였습니다. 남과 북에 사는 사람들은 같은 생각을 하는, 같은 민족, 같은 나라 사람들이었습니다.

　그러나 한국 전쟁은 이런 마음까지 갈라놓았습니다. 한국 전쟁으로 38도선 대신 휴전선이 그어졌습니다. 이 휴전선을 영원히 넘지 못할 것 같은 분단선으로 만든 것은 사람들의 마음이었습니다. 남북 사람들은 서로를 적으로 생각하게 되었습니다. 더 이상 하나의 민족으로 비슷한 생각을 하면서 살아간다고 여기지 않았습니다. 전쟁으로 땅뿐 아니라 사람들의 마음까지 분단된 것입니다. 심지어 이야기책이나 만화 영화에서 북한 사람은 뿔 달린 도깨비로 묘사되기도 했습니다.

휴전 협정에 따라 휴전선 남북으로 2킬로미터까지는 비무장 지대가 되었습니다. 남과 북은 비무장 지대가 끝난 곳에 높다란 철조망을 쳐 놓았습니다. 그러니까 118쪽 사진에 보이는 철책선은 휴전선이 아닙니다. 남쪽 비무장 지대인 남방 한계선의 철책선입니다. 실제 휴전선에는 길에 간단한 팻말만 세워 두었습니다. 이 앞에 보이는 길을 그대로 걸어 가면 넘어갈 수 있습니다. 그러나 높다란 철조망과 삼엄한 경계로 남북 사람들 어느 누구도 휴전선은 물론 남방 한계선이나 북방 한계선에도 다가갈 수 없습니다. 남방 한계선 남쪽으로는 다시 민간인 통제선(민통선)이 있습니다. 민통선은 휴전선 남쪽으로 지역에 따라 5~20킬로미터의 폭으로 설정되어 있습니다. 이중 삼중으로 휴전선 접근을 막고 있는 것입니다.

민통선 안에는 일부 마을들이 있습니다. 원래는 남한과 북한에서 서로 자기편 사람들이 평화롭게 잘 살고 있다는 것을 보여 주기 위한 것이었습니다. 그래서 주민은 엄격한 심사를 거쳐 선발되었으며, 외부 왕래는 거의 하지 않은 채 살아갔습니다. 세월이 흐르면서 외부와 교류가 늘어나고, 관광이나 교육 목적으로 외부 사람들이 이곳 마을을 찾아오는 일도 이전보다는 많아졌습니다. 민통선 마을 안에서는 농사를 짓거나 고기잡이를 하는 등 일부 생계 활동도 허용하고 있습니다. 그렇지만 여전히 이곳에서는 큰 제약이 따릅니다. 마을에서 살려면 심사를 거쳐 허가를 받아야 하고 이곳 안에서 산업 활동을 하거나, 심지어 마을을 구경하려고 해도 미리 승인을 얻어야 합니다.

한국 전쟁 이후 우리는 이처럼 남북 왕래가 불가능한 상황을 자연스럽게 생각하고 있습니다. 남북 간 왕래를 막는 것은 휴전선이 아니라 남북을 갈라놓는 각종 시설물과 정책, 그리고 이를 자연스럽게 받아들이는 우리의 마음입니다.

한국 전쟁으로 파괴된 문화재, 파괴를 모면한 문화재

전쟁은 많은 것을 파괴합니다. 전쟁으로 파괴되는 대표적인 것 중 하나가 문화재입니다. 고려에 쳐들어 온 몽골군이 신라 시대 문화재인 황룡사 구층 목탑을 불태운 것을 알고 있죠? 임진왜란 때는 경복궁을 비롯한 궁궐들과 여러 곳에서 보관하던 조선왕조실록이 불탔습니다. 다행히 전주에서 보관하던 조선왕조실록은 무사히 남아 나중에 다시 찍을 수 있었습니다. 한국 전쟁 때는 어땠을까요?

이때도 적지 않은 문화재들이 불탔습니다. 불교계의 조사에 따르면 남한에 있는 969개 사찰 중 200여 곳의 옛 절들이 불타거나 파괴되었다고 합니다. 한국 전쟁 중 파괴된 문화재의 대부분은 국군을 도우러 온 국제 연합군의 폭격 때문이었다는 사실이 우리를 더 답답하게 합니다. 다만 국보나 보물 등으로 지정된 문화재의 경우는 직접적인 폭격을 받지 않아 다른 문화재에 비해 피해가 적었습니다. 하마터면 사라질 뻔한 소중한 문화재가 일부 사람들의 노력으로 보존된 경우도 있었습니다.

한국 전쟁으로 파괴된
수원 화성 장안문

현재 수원 화성 장안문

수원 화성

한국 전쟁으로 가장 큰 피해를 입은 문화재 중 하나가 조선 정조 때 지은 수원 화성입니다. 1950년 9월 미군의 폭격으로 수원 화성을 출입하는 동서남북 4개의 문 중 북문인 장안문은 나무로 된 건물 부분이 완전히 불타 없어졌으며, 동문인 창룡문은 크게 파괴되었습니다. 그래서 사람들은 '동문은 도망가고 서문은 서 있고 남문은 남아 있고 북문은 부서지고'라는 말을 했다고 합니다. 그 밖에도 여러 시설들이 파괴되었으며, 성벽 안팎에는 피란민들이 모여들어 집을 짓기도 했습니다. 부서진 창룡문과 장안문은 1970년대 복원되었지만 원래의 느낌을 그대로 주지는 못합니다.

총탄 자국이 남아 있는 문화재들

한국 전쟁의 흔적을 그대로 볼 수 있는 것 중의 하나가 문화재에 남아 있는 총탄 자국입니다. 전국 곳곳 문화재에 치열한 전투를 보여 주는 총탄 자국이 남아 있습니다. 심지어 서울 북한산 꼭대기에 있던 신라 시대 진흥왕 순수비에도 많은 총탄 자국이 있습니다. 이 진흥왕 순수비는 국립 중앙 박물관으로 옮겨 보존하고 있습니다. 지금 북한산에 있는 비석은 원래의 것을

국립 중앙 박물관에 있는
북한산 진흥왕 순수비

총탄 자국이 있는
파주 용미리 마애이불입상

본뜬 모형입니다.

한국 전쟁 당시 총탄의 흔적을 현지에서 잘 볼 수 있는 것이 경기도 파주의 용미리 마애이불입상입니다. 용미리 마애이불입상은 고려 시대에 만든 커다란 불상으로, 바위에 두 분의 부처님을 새겼습니다. 지금도 눈으로 당시의 총탄 자국을 쉽게 확인할 수 있습니다.

월정사와 상원사

2018년 동계 올림픽이 열린 강원도 평창에는 오대산이 있습니다. 이 오대산에 있는 유명한 절이 월정사입니다. 월정사는 한국 전쟁 당시 완전히 불탔습니다. 1950년 12월 하순, 국군과 국제 연합군이 중국군에 쫓겨 후퇴하였을 때입니다. 월정사가 북한군이 머물면서 활동할 수 있는 근거지가 될 수 있다고 판단한 국군이 불을 지른 것입니다. 다만 월정사의 유명한 문화

1968년에
다시 지은 월정사

한암 스님의
기지로 불길을
피한 상원사

재인 팔각 구층 석탑은 돌로 만들어서 그대로 남았습니다.

그런데 월정사에서 산속으로 11킬로미터쯤 들어가면 상원사라는 절이 있습니다. 상원사는 월정사에 속해 있지만 부처님의 진신 사리(유골)와 문수보살 동자상을 모시고 있는 오래된 절입니다. 월정사를 불태운 군인들은 상원사에도 불을 지르러 왔습니다. 그러자 한암이라는 스님이 법당에 들어가 앉은 채로 불을 지르라고 했습니다. 이에 감동한 군인들이 문짝만을 떼어내 명령을 수행한 것으로 가장하고 돌아감으로써 상원사는 무사했다고 합니다.

해인사

한국 전쟁 때 사라질 위기를 극적으로 넘긴 가장 대표적인 문화재는 해인사일 것입니다. 무엇보다도 다행인 것은 해인사에는 소중한 문화재인 팔만

폭격을 피한 해인사

대장경이 보관되어 있기 때문입니다. 고려 몽골 침입 때 만든 팔만대장경은 조선 초부터 해인사로 옮겨 보관하고 있었습니다. 팔만대장경은 세계 기록 유산이며, 팔만대장경을 보관하고 있는 장경판전은 세계 문화유산입니다.

1951년 8월 해인사가 있는 가야산의 빨치산을 토벌하는 전투 경찰 부대는 공군에게 해인사 일대를 폭격해 줄 것을 요청했습니다. 가야산은 남한 최대의 산인 지리산과 연결되어 있어, 적지 않은 빨치산이 활동하고 있었습니다. 명령을 받은 김영환 대령은 고민했습니다. 빨치산을 토벌하기 위해 소중한 문화재를 없앨 수 없었기 때문입니다. 결국 김영환 대령은 해인사를 피해서 폭격하였고, 팔만대장경과 장경판전은 무사할 수 있었습니다. 김영환 대령은 명령을 따르지 않은 죄로 군법 회의에서 처벌받을 뻔 했지만, 그 뜻을 인정받아 무사할 수 있었다고 합니다.

5장

사라진 인물, 남은 이름

· 기억 ·

1 김규식

분단된 남북을 거부한 독립운동가

1950년 6월 25일 전쟁이 시작되고 북한군은 불과 3일 만에 서울을 점령했습니다. 서울에 살던 사람들은 피란을 가야 할지 그냥 머물러도 될지 몰라서 갈팡질팡했습니다. 더구나 전쟁이 일어난 직후 이승만 정부가 국군이 북한군을 격파하고 오히려 북으로 진격하고 있다고 거짓 방송을 하는 바람에, 사람들은 전쟁이 어떻게 전개되고 있는지 제대로 알지 못했습니다. 그래서 대부분 살던 곳에 그대로 머물렀습니다. 북한군이라고 해서 정치나 이념과 관련된 일을 하지 않은 일반 사람들을 특별히 잡아 가두거나 해를 끼치지 않을 거라는 생각이었습니다. 그러나 경찰이나 군인, 그 가족들은 북한군에 보복을 당할까 두려워 몸을 피했습니다.

해방 직후의 김규식

이름이 잘 알려져 있는 유명 인물들은 더 고민이 되었습니다. 이들은 자신의 사상이나 그동안의 활동에 따라서 피란 여부를 결정하는 경향이 있었습니다. 열심히 반공 활동을 했지만 미처 피란하지 못해 남한에 남아 있는 사람들도 적지 않았습니다. 서울에 이어 남한 지역 대부분을 점령한 북한은 남아 있는 유명 인사들을 찾아내서 선전에 이용하고자 했습니다. 서울을 점령한 북한은 정치 지도자나 국회 의원, 문인 등 유명 인사들에게 '자수'할 것을 권유했습니다. 이제까지 공산주의를 적대시했더라도, 잘못을 뉘우치고 공산주의 사상에 따라 인민을 위해 일한다면 용서해 주겠다는 것이었습니다.

서울에 남아 있던 사람 중에는 김규식도 있었습니다. 김규식은 우리나라가 일본의 완전한 식민지가 되자 1913년 중국으로 건너가 독립운동에 열중하였습니다. 1920년 대한민국 임시 정부가 만들어지자 외무총장으로 세계 각국에 일제를 비판하고 독립운동을 알렸습니다. 1930년대 중반에는 독립운동 세력을 하나로 통합하는 데 힘

1948년 4월 평양에서 열린 남북 협상 회의장 모습

쓰기도 했습니다. 1945년 해방 당시에는 대한민국 임시 정부 부주석이었습니다. 해방 이후 귀국한 김규식은 통일 국가 건설을 위해 좌익과 우익을 하나로 모으는 데 힘썼습니다. 김규식은 남북한에 서로 다른 단독 정부가 세워지는 것을 강력히 비판했습니다. 특히 남한 단독 정부 수립을 위한 총선거가 시행되기 직전인 1948년 4월에는 대한민국 임시 정부 주석을 지낸 김구와 마찬가지로, 평양에서 열린 남북 협상에 참가했습니다. 이때 김규식은 김구와 함께 북한의 최고 권력자인 김일성과 협상을 했지만, 남북 통일 정부를 세우기 위한 실질적인 방안을 마련하지는 못했습니다.

김규식은 김구와는 달리 처음에는 공산주의에 호의적이었습니다. 그러나 1930년대 후반부터는 공산주의 사상과 거리를 두고 활동했습니다. 1940년대 대한민국 임시 정부 부주석을 맡아 주석이던 김구와 함께 활동했던 것도 이 때문이었습니다. 이런 경력으로 김규식은 해방 이후 남한에서 김구, 이승만과 함께 대표적인 우익 정치

남북 협상 당시 평양 을밀대에서
김규식(왼쪽 두 번째)과 김구(왼쪽 세 번째)

가로 손꼽혔습니다. 그러나 남북 분단이 현실이 되고 남한에서 반공 세력이 주도권을 잡아가면서, 우익과 좌익의 합작을 통한 남북한 통일 정부를 세우자는 김규식의 주장은 점차 힘을 잃어갔습니다. 김규식에 대한 사회와 사람들의 관심도 점차 줄어들었습니다.

더구나 일부 우익 인사들은 좌우 합작을 통해 통일 정부를 세우자고 주장했으며, 북한에서 열린 남북 협상에 참여했다는 이유로 김규식을 '빨갱이'라고 비판하기도 하였습니다. 그러나 김규식은 남북 협상에 참가하면서도 자신의 단독 정부 수립 반대가, 단독 정부 수립을 위한 남한의 총선거를 비판하는 북한의 선전에 이용될까 우려하였습니다. 그래서 '남북 총선거에 의한 정부 수립', '사유 재산 인정' 등 북한의 주장과는 다른 요구 조건을 내걸었습니다. 북한은 김규식의 남북 협상 참여를 이끌어 내기 위해 이런 요구를 받아들였습니다. 이에 따라 남북 협상 참여를 주저하던 김규식은 회담이 시작된 다음에야 비로소 참여했습니다. 그렇지만 북한은 김규식의 요구를 실제로 받아들일 생각이 없었습니다.

북한이 서울을 점령하고 얼마 뒤, 김규식은 방송에 나와서 전쟁 초기 국군이 북한군에게 일방적으로 패하고 있는 상황을 국민들에게 제대로 알리지 않고 도망간 이승만 대통령을 비판했습니다. 미국이 참전을 중단하고 군대를 철수해야 한다고도 주장했습니다. 그렇지만 북한이 발표한 '자수자' 명단에 김규식이 없는 것으로 보아서, 이는 북한의 요구에 어쩔 수 없이 수락한 방송이었을 것으로 추측됩니다.

북한은 후퇴를 하면서 김규식을 북으로 데려갔습니다. 김규식은 처음에는 월북을 하라는 북한의 요구를 거부했습니다. 그렇지만 결국 받아들이고 말았습니다. 국군과 국제 연합군이 서울을 수복하면 북한에 협력했던 일로 처벌을 받을 것을 우려했기 때문입니다. 김규식은 당시 70살로 고령인 데다가 병을 앓고 있었습니다. 결국 1950년 12월 그는 중국과 경계 지역인 평안북도 만포에서 심장병과 천식 등으로 죽었습니다.

한국 전쟁 이후에도 김규식의 이름은 대한민국 임시 정부 부주석이라는 직책과 함께 교과서에 실렸습니다. 그러나 남북한 사회에서 김규식은 관심에서 멀어졌습니다. 독립을 위해 김규식이 했던 다양한 활동은 대부분 잊혀지고, 그저 현실과 맞지 않은 좌우 합작과 남북 협상을 고집하다 실패한 인물로만 기억되었습니다.

2 박열

'조국'의 사회에서도 적응하지 못한
무정부주의자

1974년 1월 17일 외신은 박열이라는 한 인물이 73살의 나이로 북한에서 사망했다는 소식을 전했습니다. 그러나 일반 사람들에게 이름조차 거의 알려지지 않았던 박열의 죽음은 한국 사회에서 별다른 관심을 끌지 못했습니다. 당시 정부는 무엇보다도 반공을 가장 중요한 정책으로 내세웠습니다. 언론에는 일본에 거주하며 북한을 지지하는 한국인 단체인 재일본 조선인 총연합회(조총련)에 맞서 대한민국을 지지하는 한국인 단체인 재일본 대한민국 거류민단(민단)의 활동이 자주 보도되었습니다. 그런데 이 단체를 만든 사람이 박열임을 아는 사람은 그리 많지 않았습니다.

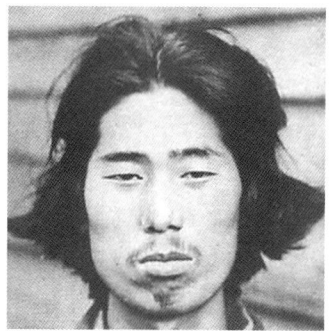

재판을 받는 박열

　박열은 우리나라가 일본의 식민 통치를 받던 시절, 일본인이 신과 같이 모시던 천황을 죽이려는 계획을 세웠다가 발각되어 세상을 놀라게 했던 인물입니다. 체포된 박열은 재판을 받으면서 자신이 조선 대표로 재판정에 서는 것임을 내세웠습니다. 박열은 조선 왕관을 쓰고 왕의 복장을 한 채 재판을 받았습니다. 일반적인 재판 방식과는 반대로 재판장에게 질문도 했습니다. 받아들여지지는 않았지만 일본어를 사용하지 않겠다는 것과, 재판을 받을 때 자신이 앉을 자리를 판사와 같은 높이로 해 달라고 요구하기도 했습니다. 재판을 받는 내내 박열은 천황을 죽이려고 했던 자신의 행동이 인류를 위한 것이었다고 주장하면서 반성을 요구하는 검사, 판사와 맞섰습니다.

　박열은 재판을 받던 중 자신과 함께 천황 암살 계획에 참여했다가 체포된 일본인 여성 가네코 후미코와 감옥에서 결혼하기도 했습니다. 이런 행위는 천황을 살아있는 신으로 떠받드는 일본인의 분노를 사기도 했지만, 천황 암살 계획보다 더 세상을 놀

재판장에서 찍은 박열 부부의
모습을 보도한 신문 기사

라게 했습니다.

박열은 사형을 선고받았지만 천황의 명으로 무기 징역으로 형이 한 등급 낮아졌습니다. 천황의 너그럽고 인자함을 보여 주기 위한 것이었습니다. 박열은 20년 넘게 감옥 생활을 하다가 1945년 일본이 연합국에 항복을 하면서 풀려났습니다. 일본이 항복할 당시 일본 땅에는 많은 한국인들이 살고 있었습니다. 일본군이나 일본 공장에 강제로 끌려간 사람도 있었고, 먹고 살기 위해 일본에 갔거나 공부를 하러 간 사람도 있었습니다. 이들 중 일부는 남한이나 북한으로 귀국했지만 여러 가지 이유로 일본에서 계속 살아야 했던 사람들도 많았습니다.

이들 재일 조선인(일제 식민지 시기에 일본으로 건너가 거주하게 된 교민)들은 자신의 권리를 지키고자 재일본 조선인 연맹(조련, 나중에 '조총련'으로 이름을 바꿈)이라는 단체를 만들었습니다. 이 단체는 박열의 석방에도 앞장섰습니다. 그러나 박열은 여기에 가입하지 않고 새로운 재일 한국인 단체를 만들었습니다. 조련이 공산주의를 지지했기 때문입니다.

박열이 주도하여 만든 재일본 조선 거류민단(민단)은 조련과 대립하면서 반공 단체의 성격을 띠었습니다. 그러나 박열은 미국의 자유주의나 소련의 공산주의 어느 한쪽으로 국가를 세워야 한다고 생각하지 않았습니다. 박열이 보기에 미국과 소련이라는 두 세력이 하나로 뭉치지 않으면 인류는 살아남을 수 없었습니다. 그래서 어느 한쪽을 일방적으로 지지하거나 부정해서는 안 되며, 서로 공존하며 새로운 질서를 만들어야 한다고 주장했습니다.

귀국 후 김구와 함께 사진 찍은 박열(오른쪽)

조련에 맞선 박열의 활동은 당시 이승만의 호감을 샀습니다. 그 결과 박열은 이승만 대통령의 초청으로 1949년 귀국했습니다. 그러나 박열은 이승만 정부에서 정치 활동을 하지 않았습니다. 이승만 정부에서 친일파를 제대로 처벌하지 않고 오히려 이들이 다시 활개 치는 것을 보고 실망해서 장학 사업 등에만 열중했습니다.

한국 전쟁이 일어나자 박열은 서울을 점령한 북한군에 체포되어 감옥에 갇혔습니다. 북한은 박열이 '자수'를 하였다고 발표했지만 확실하지 않습니다. 북한군은 북으로 후퇴를 하면서 다른 유명 인사들과 함께 박열을 끌고 갔습니다. 일본에서 공산주의를 지지하고 북한의 지원을 받던 조련에 반대했던 박열이므로 스스로 북한으로 가

문경에 있는
가네코 후미코 묘

가네코 후미코는 남편의 조국에 홀로 묻혔어.

납북 후 대동강변에서 찍은
박열 모습

지는 않았을 것입니다. 그렇지만 박열의 납북은 남한 사회에서 박열을 사라지게 만들었습니다. 남한에서 박열은 더 이상 존재하지 않았으며, 그의 활동도 기억하지 않았습니다.

반면 북에서 박열은 어느 정도 안정된 생활을 했습니다. 이는 지난날 천황 암살까지 계획했던 박열의 행위와, 그가 다른 반공주의자들과는 달리 미국이나 이승만 정부를 무조건 지지하지 않았기 때문입니다.

북한에 납북된 유명 인사들은 1955년 평양에서 '재북 평화 통일 촉진 협의회'라는 단체를 만들어 통일 운동을 했습니다. 이 단체는 북한에서 생활하던 사람들이 만든 것이었지만 무조건 북한 입장만을 따르지는 않았습니다. 이들은 민족을 생각하는 사람들이 독자적으로 통일을 주도하여 평화 통일을 해야 한다고 주장했습니다. 남한과 북한 모두 상대 정부를 무너뜨리고 자신의 사상(남한은 자유 민주주의, 북한은 공산주의)과 체제로 통일해야 한다고 주장하던 시절, 재북 평화 통일 촉진 협의회는 남북의 공존과, 전쟁이 아닌 평화 통일을 주장했다는 점에서 주목할 만합니다.

그러나 남한에서는 이들의 주장이 북한을 지원하는 활동이라고 여겨서 받아들이지 않았습니다. 더구나 이승만 정부가 북진 통일을 내세우고 있어, 평화 통일을 주장하는 것만으로 공산주의 세력에 동조하는 것으로 몰아붙이던 시절이었습니다. 북한이 재일 한국인들을 북한 땅으로 오게 하는 북송사업을 벌이자, 원래 일본에서 활동했던 박열은 방송에 나와서 이를 적극 권유했습니다. 북한이 남한을 대상으로 하는 방송에도 등장하여 북한 정책을 선전하기도 했습니다. 그러나 박열이 여기에 얼마나 적극적이었는지는 명확하지 않습니다.

공산주의자나 무정부주의자의 항일 투쟁이 본격적으로 알려지기 시작한 1990년대 이후 박열에 대한 관심이 높아졌습니다. 오늘날 박열은 역사 교과서에 비중 있게 서술되고 영화 주인공으로 등장하기도 했습니다. 세종특별자치시 부강초등학교에서는 2019년 100회 졸업식 행사를 하면서 박열의 동지이자 옥중에서 결혼을 한 가네코 후미코의 이름을 떠올렸습니다. 가네코 후미코가 초등학생 시절 이 지역에서 생활하면서 학교를 다녔기 때문입니다. 한국 전쟁은 박열이라는 열정적이고 특이한 인물을 한국 사회에서 사라지게 되었습니다. 그 이름이 일반적인 대중이나 학생들이 보는 역사책에 다시 기록되는 데는 40년이라는 세월이 걸렸습니다.

3 이광수

짧은 북한 생활을 한 '천재' 친일파

근대(1876년의 개항 이후부터 1945년 해방 이전까지의 시기) 한국의 '3대 천재'가 누구인지 아시나요? 정말로 이 사람들이 '천재'인지 '3대'라고 할 만큼 뛰어난지는 평가하는 사람들에 따라 다를 수 있지만 흔히 이광수, 최남선, 홍명희를 가리켜 이렇게 부릅니다. 이들은 모두 유명한 작품을 남긴 뛰어난 문인이었으며, 일본 유학을 한 경험이 있습니다. 그래서 일본의 수도 도쿄를 우리 식으로 읽어 '동경 3재(三才)'라고도 불렀습니다.

이들은 독립운동에 관여하기도 했습니다. 이광수는 일본에 유학한 한국 학생들이 3·1 운동 직전인 1919년 2월 8일 도쿄에서 발표한 2·8 독립 선언문을 작성했습니

이광수(왼쪽)
홍명희(오른쪽)

최남선

다. 그는 정치적으로 박해를 받을 위험이 있어 중국으로 망명한 뒤, 대한민국 임시 정부에서 발행한 독립신문의 사장을 맡기도 했습니다. 2·8 독립 선언은 3·1 운동에 직접 영향을 미쳤습니다. 최남선은 바로 3·1 운동의 독립 선언문 초안을 작성한 인물입니다. 그리고 홍명희는 1927년 민족주의자와 사회주의자가 뜻을 모아 만든 당시 가장 큰 민족 운동 단체인 신간회에서 핵심 역할을 하였습니다. 그러나 세 사람 중 이광

《나의 고백》. 이광수가 친일 변명을 위해 쓴 책

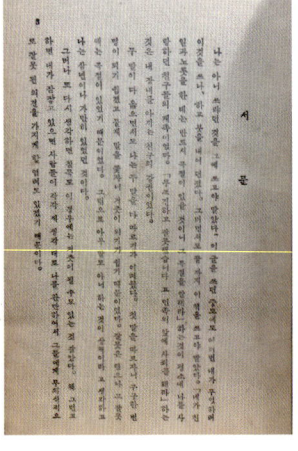
《나의 고백》 서문

수와 최남선은 1930년대 후반에 적극적인 친일 활동으로 해방 이후 반민족 행위자로 체포되기도 했습니다. 이와 다르게 친일 행위를 한 적이 없으며 공산주의 사상을 따른 홍명희는 해방 이후 북한에서 활동했습니다.

이런 세 사람도 한국 전쟁을 맞닥뜨리게 됩니다. 그중에서도 전쟁에 가장 직접적인 영향을 받은 인물은 이광수입니다. 북한은 서울에 머물러 있던 이광수를 찾아내서 체포했습니다. 북한은 후퇴를 하면서 이광수를 데려갔습니다. 이광수에게 공산주의 책을 주면서 그동안의 잘못을 뉘우치고 사상을 바꿀 것을 요구했지만, 이광수는 이를 거부했다고 합니다. 그러자 북한은 이광수를 평양의 감옥에 가두었다가, 국군과 국제 연합군의 평양 탈환이 가까워지자 북쪽에 있던 강계라는 지역으로 옮겼습니다. 투옥 생활, 추운 겨울 날씨는 그러지 않아도 건강이 좋지 않았던 이광수의 몸 상태를 더욱 악화시켰습니다. 반민족 행위자로 체포되었을 때도 이광수는 폐결핵으로 풀려나온 적이 있었습니다. 이광수의 건강 상태가 매우 좋지 않음을 알게 된 홍명희는 북한의 최고 통치자인 김일성에게 부탁하여 치료를 받을 수 있게 하였습니다. 그렇지만 이미 병이 악화된 이광수는 납북되고 몇 달 후인 1950년 10월

폐결핵이 악화된 데다가 동상까지 걸려 사망하고 말았습니다.

이광수 재북 인사의 묘

　친일 행위로 해방 후 남한에서 명성을 잃고 비난의 대상이었던 이광수를 북한은 왜 데려갔을까요? 더구나 북한은 남한과는 달리 친일 행위를 한 사람들을 철저히 처벌한다고 내세웠는데도요. 해방 이후 이광수는 친일 행위를 반성하지 않았습니다. 오히려 '친일파의 변'이라는 글을 써서 자신이 민족을 사랑해서 친일 행위를 했다고 합리화했습니다. 그래서 "독립! 독립! 독립! 독립! 어떻게나 그립던 독립인고!" 하면서 자신이 독립에 감격하였음을 강조했습니다. 그리고 "이제야말로 삼천만 한마음 한뜻으로 피로써 이 독립 아니 놓치도록 영원히 이 독립 지키기를 맹세할 때라."고 호소했습니다. 더구나 이광수는 반공의 중요성을 거듭 강조하면서, 공산주의자들은 오직 소련을 조국으로 여기고 민족이 하나가 되어 통일 국가를 세우는 데는 관심이 없다고 맹렬히 비판했습니다.

　북한은 이런 이광수가 또 한 번 변신을 해서 공산주의를 찬양할 것이라고 기대했을까요? 아니면 반공주의자에다 친일 행위를 한 이광수 같은 사람도 너그럽게 감싸주는 나라가 북한이라고 선전하려는 목적이었을까요? 북한의 목적이 무엇이었고, 그 결과가 어땠는지는 알 수 없습니다. 그러기에는 이광수가 너무도 짧은 북한 생활을 했습니다.

　북한은 다른 유명 인사와 마찬가지로 이광수의 납북을 '모셔 간다'로 표현했습니다. 전쟁 중이기 때문에 '안전한 후방으로 모셔 간다'는 것이었습니다. 그렇지만 당시 북한이 이광수와 그의 행위를 긍정적으로 보지는 않았을 겁니다. 이광수가 죽은 다음에도 북한은 그의 사망을 공식적으로 발표하지 않았습니다. 그래서 이후 오랫동안 이광수의 죽음에 대해서 확인되지 않은 여러 이야기가 떠돌았습니다.

　1990년대 들어서 비로소 이광수의 사망과 그 과정이 여러 경로로 확인되었습니다. 북한은 남북 정상 회담 등으로 남북 관계가 좋았던 2003년 평양에, 남한 출신으로 북한에서 살다가 사망한 유명 인사들의 무덤인 '재북 인사의 묘'를 만들었습니다. 여기에 묻힌 사람들 중 다수는 한국 전쟁 때 월북하거나 납북된 사람들입니다. 이광수의 무덤도 이때 이곳으로 옮겼습니다. 유명 문인으로 이광수의 활동을 인정한 것입니다. 그렇다고 이광수에 대한 종합적인 평가가 달라진 것은 아닙니다. 이후에도 북한은 이광수를 특별히 언급하지 않았습니다. 한국 전쟁으로 이광수의 존재는 사라지고, 그 이름만 남은 것입니다. 이광수의 친일 행위를 놓고 비판의 목소리가 높아지고 논란도 계속된 남한과는 다른 경우입니다.

4 무정

북에서도 환영 받지 못한 조선 의용군 사령관

한국 전쟁으로 자신이 활동하던 사회에서 사라진 사람은 남한에만 있는 것은 아닙니다. 북한에서 활발한 활동을 하다가 전쟁 중에 사라진 인물도 많습니다. 무정(본명은 김무정, 김병희, 최무정이라고도 함)은 한국 전쟁이 일어날 당시 북한에서 가장 경력이 화려하고 유명한 군인 중 한 명이었습니다. 우리나라가 일본의 식민지로 지배를 받게 되자 그는 중국으로 건너가 독립운동에 참여했습니다. 처음에는 군관 학교에 들어가 중국의 우익 정당인 국민당 군대의 포병 장교가 되었지만, 중국 공산당군이 만들어지자 이에 적극 참여하였습니다. 1934년 중국 공산당군이 국민당군과의 전투에서 패해 쫓겨 다닐 때도 무정은 처음부터 끝까지 행동을 함께 한 유일한 한국인으로 알려져 있습니다. 이후 무정은 중국 공산당군의 포병 장교를 거쳐 사령관으로 활동했습니다.

이처럼 중국 공산당군에서 높은 지위에 올랐으며 좋은 평판을 얻은 무정은 중국 공산당과 힘을 합쳐 일본과 싸움으로써 한국의 독립을 이루고자 하였습니다. 그래서 중국 화북 지방에서 독립운동을 하던 한국인들이 모여서 만든 조선 독립 동맹에 적극 참여했으며, 이들의 무장 항일 부대인 조선 의용군의 사령관으로 활동했습니다.

무정은 해방 이후 북한으로 귀국하여 북한 인민군을 조직하는 데 큰 역할을 하였으며, 정치 활동에도 적극 참여했습니다. 중국에서 독립운동을 하다가 북한으로 귀국하는 사람들을 적극 지원하기도 하였습니다. 그러나 북한의 권력을 장악하려는 김일성은 무정의 화려한 경력과 독립운동 경험, 무정을 지지하는 세력을 경계하였습니다. 무정이 중국 공산당의 신뢰와 중국 출신 무장 독립운동 세력의 적극적 지지를 받고 있는 것도 김일성을 긴장하게 하였습니다.

1950년 한국 전쟁이 일어나자 전투 경력이 풍부한 군사 전문가로서 무정의 위상은 다시 높아졌습니다. 무정은 한국 전쟁에서 북한군 포병 사령관과 군단장을 했으며, 북한군이 국군과 국제 연합군에게 쫓겨 후퇴할 때는 평양을 지키는 방어 책임을 맡았습니다.

북한군이 패배를 거듭하면서 국경 근처까지 쫓기자, 한반도 전체가 자신들에게 적대적인 반공 자유주의 국가가 될 것을 우려한 중국은 북한을 돕기 위한 대규모 지원 병력을 파견했습니다. 중국군의 지원은 위기에 처한 북한군에게 구세주의 선물과 같은 것이었으나 한편으로는 북한에서 중국의 영향력이 커지는 일이었습니다. 그렇다

1939년 훗날 조선 의용군의 전신이 된 조선 의용대 창설 기념 사진

김일성과 무정

면 중국에 잘 알려졌고 중국의 높은 지위에 있던 사람들에게 호감을 산 무정의 위상도 높아질 수 있는 일이었습니다. 더구나 중국 지원군 사령관인 펑더화이는 지난날 무정이 중국 공산당군 포병부 사령관을 했던 시절 상관으로, 무정의 결혼을 주선할 정도로 친한 관계였습니다. 중국군의 파병은 무정을 견제하던 김일성을 더욱 긴장하

게 만들 수 있는 일이었습니다.

　중국군이 본격적으로 공격을 시작한 1950년 12월 초 무정은 북한에서 숙청되었습니다. 거듭된 전투 패배, 부하를 너무 가혹하게 다루어 군사력을 약화시켰다는 것, 부하를 부당하게 처형했다는 것 등이 그 이유였습니다. 이후 얼마 지나지 않아서 무정은 위장병이 심해져 중국에 가서 치료를 받았지만 회복하지 못했습니다. 결국 무정은 북한으로 돌아와 삶을 마감하였습니다.

　무정은 북한에서 나라를 세우는 데 공이 많은 사람을 기리는 무덤인 혁명열사릉에 묻혔습니다. 그러나 무정이라는 인물과 그의 행동은 더 이상 북한 사회에서도 언급되지 않았습니다. 물론 남한에서는 공산주의 활동 때문에 무정은 기억조차 되지 않았습니다.

　무정이 사망하게 된 직접적인 원인이 무엇인지는 명확하지 않습니다. 위장병이 악화된 것은 맞지만, 그 원인이 숙청을 당하는 과정에서 겪은 스트레스 때문이라는 주장도 있습니다. 사상이나 이념이 어떻든 간에, 무정은 한국 독립운동에서 화려한 경력을 가지고 뚜렷한 자취를 남긴 인물 중 하나입니다. 한국 전쟁은 그런 인물 하나를 사회에서 사라지게 하였습니다.

한국 전쟁을 주제로 한 영화

전쟁은 영화에서 주로 쓰이는 소재 중 하나입니다. 아군과 적군, 좋은 편과 나쁜 편을 나누고 우리 편이 적에게 승리를 거두는 과정은 전쟁 영화의 주된 줄거리입니다. 이 과정에서 주인공의 눈부신 활약은 영화를 보는 사람도 쾌감을 느끼게 합니다. 3년 1개월이라는 기간 동안 한반도 전역에 걸쳐 일어난 한국 전쟁도 한국 현대사에 결정적 영향을 미친 사건이기에, 이를 주제로 한 영화가 적지 않게 제작되었습니다.

초기에는 국군이 적을 물리치고 승리를 거두는 이야기가 많았지만, 점차 전쟁의 아픔과 비극을 그린다든지, 전쟁 중 일어난 참상이나 인간성의 파괴를 담은 영화들도 나왔습니다. 2000년대 이후에는 전쟁의 여러 상황을 다양한 눈으로 다루고 있습니다.

돌아오지 않는 해병

한국 전쟁 이후부터 1980년대까지 제작된 한국 전쟁 영화 대부분은 국군이 온갖 어려움을 이기고 용감히 싸워 북한군과 중국군을 물리치는 반공 영화입니다. 그래서 줄거리가 비슷한 인상을 받습니다. 이런 반공 영화 중

〈돌아오지 않는 해병〉
포스터

에서 나중까지 가장 많이 소개된 것이 1963년 제작된 〈돌아오지 않는 해병〉입니다. 다른 반공 영화들보다 많이 언급되는 이유는 전우애와 죽음에 대한 두려움 등 인간적인 모습을 담고 있기 때문입니다. 압도적인 병력의 중국군을 맞이하여 두렵지만 서로를 격려하는 모습과, 고아가 된 소녀를 끝까지 지키고 위로하려는 모습을 그리고 있습니다.

똘이장군

어린이를 대상으로 한 반공 영화도 있습니다. 〈똘이장군〉은 직접 한국 전쟁을 주제로 하지 않았지만, 반공 애니메이션으로 크게 인기를 끌었습니다. 이전까지 아동 반공 교육은 주로 교과서나 웅변 대회, 포스터 그리기 등으로 진행되었지만, 1970년대 들어 더 이상 관심을 끌지 못하자 당시 유행하던 만화 영화로 제작한 것입니다. '똘이장군'이라는 주인공이

〈똘이장군〉 포스터

종횡무진 활동하면서 북한 공산당을 혼내 주는 내용으로 특별한 줄거리는 없지만, 당시 기술로는 세련된 애니메이션이라는 형식이 흥미를 끌었습니

다. 〈똘이장군〉은 인기를 바탕으로 이후에도 여러 편 제작되었지만, 반공을 주제로 한 것은 2편까지였습니다.

태극기 휘날리며

2004년 제작된 〈태극기 휘날리며〉는 한국 전쟁 영화로는 처음으로 1천만 명 이상의 관객을 동원한 영화입니다. 서울 용산에 있는 전쟁 기념관의 '형제의 상'을 모티브로 한 것으로 알려져 있습니다. 애끊는 형제애를 통해 전쟁의 폭력성과 비극을 그려냈다는 점에서 많은 사람의 관심을 끌었습니다.

북한군뿐 아니라 남한 반공 청년단이 전쟁 중 저지른 민간인 학살을 폭로하기도 합니다. 그러나 동생을 애틋하게 생각하는 형을 영웅으로 만들기 위해 잔인한 행위까지 긍정적으로 묘사하고, 여성 등장인물인 형의 애인을 학살당하는 존재로만 간단하게 다루는 등 전쟁이 다양한 사람들에게 미친 영향을 제대로 보여 주지 못한다는 비판을 받기도 하였습니다.

〈태극기를 휘날리며〉 포스터

전쟁 기념관 '형제의 상'

오빠생각

2016년 개봉한 <오빠생각>에는 여러분과 같은 아이들이 많이 등장합니다. 영화에 등장하는 아이들을 통해 전쟁의 실체를 그대로 보여 주며, 직접적인 피해자로 그립니다. 별다른 생각 없이 단지 한쪽 편의 노래를 불렀다는 이유만으로 아버지를 국군에게 잃고, 오빠는 북한군의 총에 죽습니다. 그러나 '오빠생각'과 '고향의 봄' 노래를 함께 부르면서 이런 상처를 치유하게 됩니다. '오빠생각'과 '고향의 봄'은 한국 전쟁보다 훨씬 이전인 1920년대 만든 노래입니다. 그렇지만 영화에서는 한국 전쟁 당시 어린이의 마음을 잘 나타내고 있습니다. 영화에 나오는 선린 소년 합창단은 1952년 창단한 어린이 노래단으로, 국군과 국제 연합군의 위문 공연을 다녔습니다. 노래를 이념이나 선전이 아닌 그저 즐거움과 위로를 위해서만 부르는 것이 어린이라는 것을 보여 줍니다.

영화 속 선린 소년 합창단

<오빠생각> 포스터

6장

전쟁의 이용

· 국가 권력 ·

1 남한

폭력배를 동원한 헌법 개정

1952년 7월 4일 한국 전쟁 중 임시 수도였던 부산에서 국회가 열렸습니다. 헌법 개정이라는 나라의 중요한 일을 결정하는 회의였습니다. 그런데 회의의 광경은 살벌했습니다. 군과 경찰이 국회 의사당 주변을 둘러싸고 있었으며, 일부 국회 의원들이 문 앞을 지키고 서서 다른 국회 의원들의 출입을 통제했습니다. 헌법을 개정하는 중요한 일에, 찬반 의견을 자리에서 일어나는 것으로 나타내는 기립 표결로 진행했습니다. 결국 헌법 개정안은 출석한 166명의 의원 중 찬성 163명, 기권 3명으로 기권자를 제외하면 만장일치로 통과되었습니다.

이날 헌법 개정안의 핵심 내용은 대통령을 국회 의원이 뽑는 간선제에서, 국민이 직접 뽑는 직선제로 바꾸는 것이었습니다. 바뀐 헌법에 따라 1952년 8월 5일 시행된 대통령 선거에서 이승만이 당선되어 또다시 대통령이 되었습니다.

헌법을 개정하는 일에, 왜 군인과 경찰이 국회 의사당까지 둘러싸고 국회 출입을 통제했을까요? 당시 헌법을 고친 이유는 오직 이승만을 대통령에 당선시키기 위한 것이었습니다.

1948년 대한민국이 세워질 당시 헌법에는 대통령을 국회 의원이 뽑도록 정했습니다. 이승만도 이 절차에 따라 대통령이 되었습니다. 그런데 한국 전쟁이 일어나기 직전인 1950년 5월 30일 시행된 제2대 국회 의원 선거에서 이승만을 지지하지 않는 무소속 의원들이 대거 당선이 되었습니다. 기존 방식대로 국회에서 대통령을 뽑는다면 이승만이 당선되기는 매우 어려웠습니다. 이를 우려한 이승만 정부는 대통령을 국민이 직접 뽑는 직선제로 바꾸고자 한 것입니다. 이승만이 국민에게 이름이 알려져 있는 데다가, 정부 기관들이 이승만 표가 많이 나오도록 조작하고, 선거에 개입하기도 쉬웠기 때문입니다.

그러나 헌법을 개정하려면 국회를 통과해야 했습니다. 이승만을 반대하는 국회 의원들이 다수를 차지하는 국회에서 이런 의도가 있는 대통령 직선제 헌법 개정이 가능할 것 같지 않았습니다. 실제로 이승만 정부는 국회에 헌법 개정안을 제출했지만, 다수의 국회 의원들이 반대해서 받아들여지지 않았습니다.

그러자 민족 자결단, 백골단, 땃벌떼와 같이 이름도 살벌한 단체들이 나타나 국회와 정부, 법원을 포위하고 국회 해산을 요구했습니다. 이승만 정부는 사실상 이들의 행동을 부추겼습니다. 부산 시내 분위기가 어수선해지자, 정부는 경상도와 전라도 지역

공포 분위기 속에서 진행된
기립 표결

국회 의원을 태운 버스가
국회로 들어오는 모습

의 공산당 무장 공비가 이 틈을 타서 사회를 어지럽힐 수 있다고 불안감을 조성했습니다. 이들을 소탕한다는 구실로 군인을 동원했습니다. 정부는 이 군인들에게 치안을 맡게 하고 일상생활을 통제하는 비상계엄을 선포했습니다. 그리고 국회에 공산당 자금이 들어갔으므로 조사해야 한다며 군사 경찰인 헌병대가 국회 의원들이 탄 버스를 통째로 끌고 갔습니다.

제2대 이승만 대통령 취임식

국회 의원들을 협박하거나 회유하여 헌법 개정에 동의하겠다는 약속을 받은 뒤에야 헌법 개정을 위한 국회가 다시 열렸습니다. 그렇게 하고도 혹시 국회에 출석한 의원들이 헌법 개정에 반대할까 봐 군대와 경찰을 동원하고, 기립 표결이라는 공개 투표 방식을 선택한 것입니다.

이 일이 일어날 당시는 휴전 협상이 진행되고 있었습니다. 전투는 주로 38도선 일대에서 벌어졌지만, 전쟁이 끝난 것은 아니었습니다. 더욱이 전쟁 상황이 우세해야 휴전 협상에서 유리했습니다. 조금이라도 땅을 더 차지하려고 전투는 오히려 더 치열해졌고 목숨을 잃는 군인들도 많았습니다.

그러나 이승만 정부는 전쟁의 혼란스러운 상황을 권력을 차지하는 데 이용했습니다. 전쟁 중에 임시 수도인 부산이 혼란하면 안 된다는 이유로 비상계엄을 선포하여 반대 세력을 억눌렀으며, 깡패를 동원해서, 정부 정책에 반대하는 것은 공산당을 이롭게 하는 것이라고 협박했습니다. 이승만 정부는 전쟁 중인 상황에서 정치적 갈등으로 혼란이 일어나기를 원하지 않았던 대중 심리도 이용했습니다. 위협적인 분위기로 국민들이 자유롭게 투표할 수 없는데도, 헌법 개정에 따라 시행된 대통령 선거에서 군과 경찰이 지키도록 한 것은 북한이나 좌익 세력이 나라를 혼란에 빠뜨리려는 것을 막기 위한 것이라는 핑계를 댔습니다.

한국 전쟁에 많은 병력을 지원한 미국은 이승만 정부의 이런 불법 행위를 우려했습니다. 그럼에도 공산주의자와 싸우는 전쟁 중에 미국과 한국 정부가 대립하는 모습을 보이면 적에게 이용될 수 있다고 판단하여 이를 적극적으로 막지 못했습니다. 이렇게 한국 전쟁은 이승만 정부가 권력을 강화하고 독재로 나아가는 수단이 되었습니다.

2. 북한

경쟁자를 숙청하고 김일성 1인 체제로

전쟁을 이용하여 자신의 권력을 강화한 것은 북한의 김일성도 마찬가지였습니다. 한국 전쟁이 일어날 당시 북한에서는 김일성의 세력이 가장 컸지만, 그 밖의 다른 정치 세력들도 정부에 참여하여 권력을 나누어 가지고 있었습니다. 김일성은 한국 전쟁을 경쟁 세력을 약화시키고 자기 권력을 독점하는 기회로 삼았습니다. 전쟁에 제대로 대응하거나 적절한 전술을 세우지 못한 책임을 묻기도 하고, 행동을 문제 삼기도 했습니다. 경우에 따라서는 적에게 이로운 행동을 하거나 심지어 스파이 노릇을 했다는 죄목을 씌우기도 했습니다.

조선 민주주의 인민 공화국 초대 각료 남로당의 박헌영 이승엽. 중국 출신 최창익, 의열단을 만들고 남한에서 활동하다가 월북한 김원봉 등이 숙청당했다.

이런 식으로 전쟁 중 가장 먼저 제거된 인물은 앞에서도 살펴본 중국에서 활동한 무정과, 소련에서 활동하다가 귀국해 북한에서 최고위 관리가 된 허가이였습니다. 이어 본격적인 숙청은 북한에서 김일성 다음으로 세력이 컸던 남한 출신의 공산주의자들을 대상으로 진행되었습니다. 이들은 해방 이후 남한에서 남조선 노동당(남로당)을 만들어 활동하다가, 남과 북에 별개의 정부가 들어서자 월북하여 북한 정부에 참여하였습니다. 이를 대표하는 인물이 박헌영이었습니다.

김일성은 이들이 전쟁을 치르면서도 국가의 명령을 제대로 따르지 않고 자신들의 세력을 넓히는 데 힘을 썼다고 비판했습니다. 숙청 구실을 만든 다음, 남로당 주요 인사들이 처음부터 미국을 이롭게 하기 위해 이러한 행동을 했다면서, 미국 간첩 혐의를 뒤집어씌웠습니다. 주요 인사들이 제거되어 남로당 출신의 세력이 약해지자 박헌영을 같은 혐의로 체포하여 처형했습니다. 이렇게 가장 큰 정치적 경쟁자를 제거함으

1950년의 김일성

로써 김일성의 권력은 더 커졌습니다.

이어 김일성은 남아 있는 다른 정치 세력에도 압력을 넣기 시작했습니다. 이들은 일제 강점기에 중국과 소련에서 활동하다가, 해방 이후 북한으로 귀국하여 조선 민주주의 인민 공화국 수립에 참여한 사람들이었습니다. 김일성과 이들은 한국 전쟁으로 입은 사회적, 경제적 피해를 어떻게 복구할 것인지를 놓고 대립했습니다. 이들은 인민이 살아가는 데 필요한 물자의 생산을 늘리는 게 급하다고 주장했지만, 김일성은 당장 생활이 어렵더라도 국가의 기초를 튼튼히 다질 수 있는 산업을 키우자는 방안을 제시했습니다. 김일성의 압박이 심해지자 그러지 않아도 무정과 허가이, 남로당의 숙청으로 위기를 느끼고 있던 이들은 1956년 북한 노동당 회의를 통해 김일성을 몰아내고자 했습니다.

그러나 김일성이 이미 너무나 큰 세력을 형성한 뒤였습니다. 김일성을 제거하려는 시도는 실패로 돌아가고, 오히려 김일성에게 숙청의 명분만을 제공했습니다. 이들을 제거하자 김일성의 권력은 더욱 확고해졌습니다. 이제 북한에서 김일성은 절대적인 존재가 되었습니다. 북한은 사실상 김일성 1인이 통치하는 사회가 된 것입니다. 오늘날 북한이 유일사상으로 받드는 주체사상의 '주체'라는 말이 북한 사회에서 나오기 시작한 것도 이 즈음입니다. 이후 북한에서는 주체사상을 김일성이 공산주의와 한국의 현실을 바탕으로 만든 독자적인 사상이라고 선전하였습니다.

　한국 전쟁은 북한에서 김일성 1인 체제가 수립되는 출발점이었습니다. 전쟁은 김일성이 권력을 독점하는 데 이용되었습니다. 김일성은 전쟁 중이므로 국가의 명령에 복종해야 한다는 이유로 자신의 명령에 무조건 따를 것을 요구했습니다. 그렇게 하지 않으면 힘을 분열시켜 전쟁을 어렵게 만든다고 몰아세웠습니다. 나아가 적을 이롭게 하거나 남한이나 미국의 간첩 노릇을 했다는 죄목을 뒤집어씌우는 것도 전쟁 중이어서 한결 쉬웠습니다. 휴전 후에도 여전히 남한 및 미국과 대립하는 상황을 만들어서 자신과 다른 견해를 인정하지 않았습니다. 전쟁으로 위태로울 수도 있었던 김일성의 권력은, 정반대로 절대적인 것이 되었습니다.

3 일본

패전을 떨쳐내고 경제 성장의 길로

흔히 한국 전쟁의 가장 큰 혜택을 받은 나라를 일본이라고 합니다. 전쟁의 당사자인 대한민국과 조선 민주주의 인민 공화국, 중국은 전쟁으로 많은 사람이 죽거나 다쳤고, 엄청난 경제적 피해를 입었습니다. 그런데 어떻게 해서 인접한 일본은 한국 전쟁의 혜택을 받을 수 있었을까요?

한국 전쟁 때 국제 연합군 소속 미군이 한반도에 처음 상륙한 것은 전쟁 7일째인 7월 1일이었습니다. 흔히 부대장의 이름을 따서 '스미스 부대'라고 부르는 이 부대는 미국 본토가 아닌 일본에 머무르고 있었습니다. 전쟁 초기 국군이 일방적으로 패배하자, 북한군의 진격 속도를 늦추기 위해 국제 연합군을 신속히 파견해야 했는데 한반

대전에 들어온 스미스 부대

도에 가장 가까운 일본에 있던 미군이 그 역할을 한 것입니다. 이후에도 한국 전쟁에 참여했던 미군 중 많은 병력은 일본에 주둔해 있었습니다. 인천 상륙 작전에 참여한 국제 연합군 중 상당수도 일본에 머무르던 부대였습니다. 일본 내 미군 기지는 한국군을 훈련하는 데 이용되기도 하였습니다.

제2차 세계 대전에서 일본이 항복하자, 미국을 대표로 하는 연합국이 일본을 통치했습니다. 일본은 주권을 잃게 된 것입니다. 연합국 군대는 초기에 제2차 세계 대전 당시 일본을 지배했던 군국주의(군사력을 앞세워 영토를 넓히고 국가를 발전시키려는 정치 이념)를 없애고, 민주주의 국가로 바꾸려고 했습니다. 이에 따라 전쟁을 일으킨 군국주의자들을 처벌하고, 사회에 남아 있는 군국주의 흔적을 없애는 데 힘썼습니다. 그러나 전 세계적으로 자유주의 국가들과 공산 국가들 간의 갈등과 대립이 심해지고 동북 아시아에서 공산주의 세력이 확대되자, 이런 계획을 바꾸었습니다. 특히 중국에서 벌어진 공산당군과 국민당군 사이의 전쟁에서 공산당군이 승리를 거두고 중화 인민 공화국이 세워져 중국 대륙 전체가 공산화되면서 위기감은 더욱 커졌습니다. 한반도의 38도선 이북에 소련의 지원을 받는 공산 국가인 조선 민주주의 인민 공화국이 들어선 것도 미국에게는 위협이 되었습니다.

미국은 계획을 수정해 일본을 공산주의 세력 확대를 막는 반공 국가로 만드는 데 힘을 쏟기로 했습니다. 서둘러 전쟁 책임과 피해 배상 문제를 마무리하여 일본에 주권을 되돌려주고, 우익 반공 세력이 다스리는 나라로 키우고자 했습니다. 심지어 제2차 세계 대전에 책임이 있는 전범들까지 이용했습니다. 미국은 일본을 공산주의에 맞서는 국가로 키우기 위한 경제적 지원도 계획하였습니다. 한국 전쟁은 이런 계획을 더 빠르게 추진하는 결정적인 계기가 되었습니다.

3년간 계속된 한국 전쟁을 치루는 데는 많은 장비와 물자가 필요했습니다. 이를 미국 땅에서 수송해 오는 데 비용이 적지 않게 들었으므로 효율적이지 않았습니다. 그렇다고 한국 땅에는 이런 장비와 물자를 만들 수 있는 시설이 제대로 갖춰지지 않았으며, 전쟁 중에 새로 건설하는 것도 쉽지 않았습니다. 미국과 국제 연합군은 필요한 전쟁 물자를 일본에서 생산하여 한반도로 들여왔습니다. 일본 땅에는 전쟁 물자를 생산하여 보급할 수 있는 시설들이 생겨났으며, 생산에 필요한 원자재를 연합국이 일본에 지원하기도 했습니다.

이런 정책은 일본의 산업 발전에 큰 도움이 되었습니다. 한국 전쟁 직전 일본 경제는 기업의 자금 부족, 중소 기업 파산, 실업률 증가 등으로 어려움을 겪고 있었습니다. 그러나 한국 전쟁으로 이런 어려움을 한꺼번에 해소했습니다. 1952년 6월 한국 전

현재 남아 있는
오키나와 후텐마 미군 기지

쟁에 쓰일 군수품 생산에 직접 참여하는 공장만 400여 개에 이르렀고, 이후 그 수는 860여 개로 늘어났습니다. 일본이 미군에 제공하는 군수품의 금액만 25억 달러였습니다. 당시로서는 엄청난 금액이었습니다. 일본 정부도 국제 연합군을 지원하는 데 적극 협력하겠다고 발표했습니다.

한국 전쟁은 일본에게 이런 경제적 이득뿐 아니라 다시 군사 활동을 할 수 있는 길을 열었습니다. 제2차 세계 대전에서 패한 일본은 헌법 개정에 따라 군대를 둘 수 없는 국가가 되었습니다. 다만 '자위대'라는 이름으로 영토 내에서 일본을 지키는 활동만 허용되었습니다. 그러나 한국 전쟁 당시 일본은 북한군 및 중국군과 싸우는 국제 연합군을 지원하는 군사적 활동을 일부 하였습니다. 일본에 주둔한 미군을 한반도로 수송하는 임무를 일본 자위대가 맡아서 하는 경우가 많았으며 북한이 국제 연합군 해군의 공격을 막기 위해 설치해 놓은 해상 폭발물인 기뢰를 제거하는 데 일본의

군국주의의 상징으로, 제2차 세계 대전 중 사용했던 욱일승천기를 그대로 쓰는 일본 자위대

자위대가 동원되기도 하였습니다. 한국 전쟁에서 일어난 수많은 군사 활동 중 극히 일부였지만, 일본으로서는 자국 영토 밖에서 군사 활동을 했다는 특별한 의미가 있는 일이었습니다.

4 중국
공산주의의 새로운 지도국으로

중국은 한국 전쟁에서 가장 인명 피해가 큰 국가 중 하나입니다. 50만 명이 넘는 중국군이 한국 전쟁에서 죽거나 다친 것으로 추정됩니다.

중국은 한국 전쟁에 참전하면서 이런 피해를 입을 것을 예상하지 못했던 것일까요? 단지 이웃한 공산 국가인 북한을 돕기 위해 엄청난 피해를 감수한 것일까요?

국군과 국제 연합군에 쫓겨 한반도 북부까지 밀려난 북한은 위기에 처했습니다. 북한은 긴급히 중국에 지원을 요청했습니다. 무기를 제공하고 경제 원조를 하는 등 한국 전쟁에서 실질적으로 북한을 지원했지만, 겉으로 직접 나서지 않았던 소련도 자기

한국 전쟁에 참전하고자
압록강을 건너는 중국군

펑더화이와 김일성

대신 중국에게 북한을 지원하라고 요청했습니다. 한국 전쟁이 일어나기 전 북한이 전쟁을 시작하는 데 동의했던 중국이었지만 고민에 빠졌습니다. 당시 중국은 국민당군과의 내전에서 승리를 거두고 중화 인민 공화국을 세운지 1년 밖에 되지 않은 때였습니다. 전쟁보다는 나라의 기틀을 다져야 하는 때였으며, 한국 전쟁에 신경을 쓰는 사이 자신들에게 패하여 타이완 섬으로 후퇴해 있던 국민당군이 반격해 올 우려도 있었습니다.

더구나 한국 전쟁에서 싸워야 할 상대는 세계 최강의 군대인 미군이었습니다. 온 힘을 다해 싸우더라도 이기기 힘든 상대라고 판단하여, 중국 정부의 지도층 내부에서는 한국 전쟁에 참여하지 말자는 주장이 많았습니다. 그러나 최고 통치자인 마오쩌둥은 북한을 돕기로 결정하였습니다. 그가 내세운 논리는 순망치한(脣亡齒寒), 즉 '입술이 없으면 이가 시리다'는 것이었습니다. 북한은 입술이고, 중국은 이에 해당할 만큼 북한의 운명이 중국과 밀접한 관련이 있다는 뜻입니다.

중국군은 세계의 예상을 뒤엎고 국군과 국제 연합군을 몰아붙였습니다. 1950년 11월 하순 본격적인 전투가 시작된 이후 불과 한 달 만에 38도선 이북을 완전히 장악하였으며, 1951년 1월 4일에는 서울을 다시 점령했습니다. 국군과 국제 연합군은 경기도와 강원도 남부까지 밀려났습니다. 그러나 거기까지였습니다.

중국군은 얼마 지나지 않아 국군과 국제 연합군의 반격으로 38도선 근처까지 후퇴해야 했습니다. 이후 휴전 협상이 진행되었지만, 전투는 38도선 근처에서 약 2년간 이어졌습니다. 그 사이 중국군은 많은 희생자를 낳았습니다. 중국군은 휴전 협상에서 전쟁 당사자로 서명했습니다. 북한은 중국군의 참전으로 북한 땅을 지켜 낼 수 있었습니다. 그렇다면 한국 전쟁을 통해 중국이 얻은 것은 무엇일까요?

중국은 건국된 지 얼마 되지 않은 때라 국가를 지키는 일에 집중해야 했습니다. 자신들에 적대적인 자유 진영 국가들과 국경을 맞닥뜨릴 경우 나라의 안정이 위협받을 수도 있다고 판단했습니다. 그래서 북한을 완충 지역으로 삼고자 했고, 평소 우호적인 관계를 맺고 있던 형제 국가 북한을 지켜 주었다는 명분도 얻을 수 있었습니다.

전쟁에 뛰어들어 이런 목적을 이룬 중국은 이후 주변 국가의 위협을 받지 않고 나라의 기틀을 다지고 사회, 경제 문제를 해결하는 데 집중할 수 있었습니다. 무엇보다 중국이 한국 전쟁에 참전하여 얻은 가장 큰 소득은 세계 최강국인 미국과 당당히 맞서 싸웠다는 사실입니다. 이는 중국인의 자부심이 되었을 뿐 아니라, 국제 사회에서 중국의 위상을 크게 높였습니다.

전쟁에 직접 나서지 않은 소련과는 달리 전쟁에 참여하여 이웃 국가를 지켜 주었다는 명분과 합쳐지면서 중국은 소련과 어깨를 겨루는 공산주의 지도국으로 올라설 수 있었습니다. 자유 진영이나 공산 진영 어느 편에 가담하지 않은 국가들 사이에서도 중국의 영향력은 높아졌습니다. 더구나 중국군이 미군에 맞서 대등하게 싸운 것은, 타이완으로 물러난 국민당군의 반격 의지를 꺾는 일이었습니다. 이처럼 강력한 중국군을 국민당군이 이겨 내리라고 기대할 수 없었기 때문입니다. 설사 국민당군이 반격할 생각이 있더라도 이제는 국제 사회의 지지를 얻기는 어려웠습니다. 한국 전쟁을 계기로 현재 중국이 중국 대륙 전체를 통치하게 되었다고 볼 수 있습니다.

전쟁으로 생겨난 놀이

전쟁이 잘 반영되는 것 중 하나가 놀이입니다. 유행하는 놀이에서도 전쟁의 모습을 찾을 수 있습니다. 국가는 종종 권력을 강화하는 데 놀이를 이용합니다. 놀이를 통해 적과 싸워 이기겠다는 마음을 다지고, 그러기 위해서는 정신을 하나로 모아야 한다고 강조합니다. 한국 전쟁도 놀이 문화에 많은 흔적을 남겼습니다. 전쟁으로 널리 보급된 놀이도 있으며, 어떤 놀이에는 전쟁의 내용이 직접 담겨 있기도 합니다.

고무줄놀이

고무줄놀이는 나무에 매어 놓거나 상대방 두 사람이 잡고 있는 고무줄을 발 사이에 놓고 정해진 동작에 따라 이쪽저쪽으로 넘는 놀이입니다. 고무줄놀이는 노래를 부르면서 합니다. 앞에서 〈전우야 잘 자라〉와 〈승리의 노래〉가 고무줄놀이로 사용되었다고 했죠? 1920년대 나왔지만 〈고향의 봄〉도 고무줄놀이를 하며 불렀던 단골 노래였습니다. "나의 살던 고향은 꽃피는 산골/ 복숭아꽃 살구꽃 아기 진달래"로 시작되는 이 노래는 고향을 그리워하는 가사 때문에 한국 전쟁 직후 널리 불렸습니다.

딱지치기

딱지치기는 이전부터 있던 놀이였지만 한국 전쟁 시기에 널리 퍼졌습니다. 딱지는 종이 한 장이나 두 장을 접어서 만듭니다. 딱지치기는 자신의 딱지로 상대방 딱지를 쳐서 넘기면 이기는 것인데, 이긴 편이 진 편의 딱지를 가지게 됩니다.

한국 전쟁 당시 외국에서 두꺼운 종이가 들어오면서 딱지치기가 널리 퍼졌습니다. 달리 생각하면 할 만한 다른 놀이가 없었기 때문이기도 합니다.

딱지치기가 유행하면서 둥근 모양이나 네모난 모양의 딱지를 만드는 업체가 생겼습니다. 이 딱지는 종이로 만든 것과는 달리 두툼하지 않고 크기가 작습니다. 그렇지만 여러 장을 한꺼번에 가질 수 있는 데다가, 어린이들이 좋아하는 그림들을 딱지에 넣어 인기를 끌었습니다. 그래서 딱지를 보면 어린이들이 그때그때 무엇을 좋아했는지 알 수 있습니다. 1950~60년대 딱지에는 별을 단 장군들, 탱크나 비행기와 같은 무기를 많이 볼 수 있습니다.

반공 내용의 딱지

오징어 놀이

1950~70년대 중·고등학생들 사이에서 유행하던 놀이 중 하나는 편을 나누어 상대방을 마지막까지 제압하면 이기는 것들입니다. 오징어 놀이도 땅에 십자가나 오징어 모양을 그려 놓고, 구획 속에 두 편으로 나뉜 사람들이 들어가 상대방을 끌어내면 이깁니다. 상대방에게 끌려서 자기 구역을 벗어나면 죽는데, 어느 한쪽 편 마지막 한 사람까지 죽어야 경기가 끝납니다.

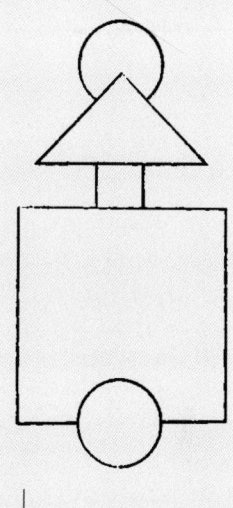

오징어 놀이

바구니 터트리기

1960년대 국민학교 운동회에서 으레 하던 놀이가 바구니 터트리기입니다. 지금도 운동회 때 박 터트리기를 하고 있지요. 헝겊 속에 콩을 넣고 실로 꿰맨 콩 주머니를 던져서 박을 먼저 터트리면 이기는 놀이입니다. 1960~70년대에

반공 구호를 외치는 운동회

는 모래를 헝겊에 넣어서 만들었는데, 당시까지도 남아 있던 일본말을 따라서 '오재미'라고 했습니다. 청군과 백군으로 나뉘어 오재미로 공중에 매달려 있는 바구니를 맞춰서 먼저 뒤집으면 이기게 됩니다. 바구니를 뒤엎으면 '무찌르자 공산당'과 같은 구호가 쓰여 있는 플래카드가 펼쳐집니다.

비슷한 성격의 놀이로 '짝짓기'가 있습니다. 안보와 관련된 말을 교사가 외치면 학생들은 글자 수만큼 짝을 짓는 것입니다. 예컨대 '멸공' 하면 2명, '새마을' 하면 3명, '국가 안보' 하면 4명, '간첩 잡아라' 하면 5명씩 사람 수를 맞추어 짝을 만듭니다. 짝을 짓지 못한 학생은 탈락하게 됩니다.

모형 수류탄

1970년대에는 고등학교 진학 시험에 '체력장'이라는 이름으로 기초 체력 검사가 포함되었습니다. 당시 체력장은 달리기, 윗몸 일으키기와 윗몸 앞으로 굽히기, 철봉(남)이나 매달리기(여) 등 8종목을 시행했는데, 그중에는 멀리 던지기가 있었습니다. 그런데 공이 아니라 실제 수류탄 크기와 모양을 그대로 본뜬 모형 수류탄을 던졌습니다. 모형 수류탄은 진짜 수류탄과 같은 쇠로 되어 있는 것에 겉만 고무로 싼 것입니다. 울퉁불퉁한 모형 수류탄을 온 힘을 다해서 던지다 보면 엉뚱한 방향으로 나가는 일이 있었습니다. 그래서 종종 다치기도 했습니다.

모형 수류탄

나오며

조용히 계속되는 전쟁

2016년 시작된 문재인 정부는 남북 관계를 개선하고 평화를 정착시키는 정책 중 하나로 남북이 함께 종전 선언을 하는 방안을 추진했습니다. 종전 선언은 전쟁을 끝내겠다는 선언입니다. 휴전 협정이 체결된 지 이미 70여 년이 흘렀는데 새삼스럽게 전쟁을 끝낸다는 선언을 하자는 것은 무슨 뜻일까요?

한국 전쟁은 1953년 7월 27일 휴전 협정서에 서명을 하면서 멈추었습니다. 휴전 협정에 서명한 것은 국제 연합군, 중국 인민 지원군(중국군), 조선 인민군(북한군)이었습니다. 당시 국군은 작전권이 국제 연합군에 있었기 때문에 한국군의 이름으로 서명을 할 수 없었습니다. 왜 휴전 협정을 전쟁에 참여한 군대의 이름으로 맺었을까요?

휴전은 전쟁을 끝내는 것이 아니라 양측의 합의로 잠시 중단한다는 뜻입니다. '전

2018년 판문점에서 만나 휴전선을 사이에 두고 악수하는 문재인 대통령과 김정은 국방 위원장

쟁을 일시적으로 멈춘다'는 뜻에서 휴전 협정을 '정전 협정'이라고도 합니다. 물론 이후 남북 간이나 중국과 큰 전쟁은 일어나지 않았습니다. 그러기에 한국 전쟁의 휴전을 세계에서 가장 긴 휴전이라고 말하는 사람도 있습니다. 그러나 휴전 협정이 전쟁을 일시적으로 멈추겠다는 약속일 뿐 언제든지 전쟁이 다시 일어날 수 있다는 사실을 일깨우려는 듯, 이후 한반도에서는 종종 남북 사이에 군사적 충돌이 일어났으며, 하마터면 전쟁으로 확대될 위험을 겪기도 했습니다.

휴전 협정 조인식

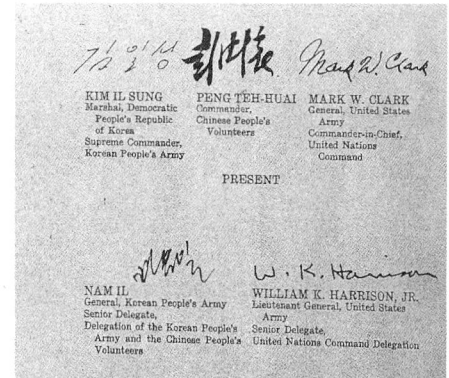

한국군의 서명은 빠진 휴전 협정서

판문점에서 열린 휴전 회담에서
휴전선 경계를 논의하고 있는 모습

　이보다도 한국 전쟁이 완전히 끝나지 않았음을 보여 주는 것은 전쟁이 남긴 자취들이 여전히 남북 사회에 계속 남아 있다는 것입니다. 한국 전쟁 이후 남북 사이가 한 번도 평화로운 관계로 자리잡은 적은 없습니다. 종종 남북 관계가 부드러워지거나 교류가 오간 적은 있지만, 대부분 일시적이었으며 정치적으로 이용되는 경우가 많았습니다.

오랫동안 남북 사회에서는 자유로운 이념이나 사상이 인정되지 않았으며, 많은 사람이 가족이나 일가친척이 월남 또는 월북했다는 이유만으로 고통을 겪었습니다. 전쟁 중 가족이나 친지와 헤어진 대부분의 사람들은 서로 만나지 못한 채 삶을 마감해야 했습니다. 전쟁으로 부상을 입은 사람들은 육체적 고통 속에서 평생을 살아야 했으며, 그 어려움은 가족에게까지 이어졌습니다. 전쟁 중에 재산을 빼앗기거나 버리고 피란한 사람들도 대부분 평생을 가난과 싸우면서 살았습니다.

무엇보다도 전쟁으로 남북한 사람들의 마음에는 엄청난 거리가 생겨났습니다. 말로는 '같은 핏줄, 한 민족'임을 내세우고, 한때 금강산 관광과 개성 관광, 개성 공단 등으로 남북한 민간인 교류가 있었지만, 남북한 사람들의 마음속 거리는 좀처럼 좁혀지지 않고 있습니다. 여전히 상대방은 '마음의 적'입니다.

휴전 상태인 한국 전쟁을 마무리 지으려면, 남북한 정부가 나서서 전쟁을 하지 않겠다고 선언하는 것으로는 충분하지 않습니다. 남은 과제는 한국 전쟁이 남긴 자취를 정리하는 것입니다. 그 핵심은 마음의 거리를 좁히고 마음의 적을 없애는 것입니다. 이제 전쟁을 경험한 당사자들뿐 아니라 전쟁 이후에 태어난 사람들의 몫입니다.

참고한 책과 자료

- 김동춘, 《전쟁과 사회 – 우리에게 한국전쟁은 무엇이었나-》, 돌베개, 2000.
- 김성보·기광서·이신철/역사문제연구소 기획, 《사진과 그림으로 보는 북한현대사》, 웅진닷컴, 2004.
- 박찬승, 《마을로 간 한국전쟁: 한국전쟁기 마을에서 벌어진 작은 전쟁들》, 돌베개, 2010.
- 박태균, 《한국전쟁 – 끝나지 않은 전쟁, 끝나야 할 전쟁-》, 책과함께, 2005.
- 서중석/역사문제연구소 기획, 《사진과 그림으로 보는 한국현대사》, 웅진지식하우스, 2005.
- 역사문제연구소·포츠담현대사연구센터 공동기획, 《한국전쟁에 대한 11가지 시선》, 역사비평사, 2010.
- 한국구술사학회 편, 《구술사로 읽는 한국전쟁》, 휴머니스트, 2011.
- 한국역사연구회 현대사분과(편), 《역사학의 시선으로 읽는 한국전쟁》, 휴머니스트, 2010.
- 이중근, 《6·25전쟁 1129일(1950.6.25.~1953.7.27.)》(개정판), 우정문고, 2014.
- 6·25전쟁 50주년 특별기획전 《아! 6·25 – 그때는 자유를, 이제는 통일을》, 조선일보사·전쟁기념관, 2007.

사진 제공

- 미국 국립 문서 기록 보관청(NARA) 46쪽, 50쪽, 59쪽, 72쪽, 74쪽, 100쪽, 102쪽, 117쪽, 122쪽, 130쪽, 179쪽

- 국가 보훈처 65쪽

- 전쟁 기념관 아카이브 18쪽, 57쪽, 59쪽

- 대통령 기록관 158쪽

- 문화재청 28쪽, 36쪽, 124쪽, 125쪽, 126쪽

- 대한민국 역사 박물관 110쪽

- 부산 광역 시립 박물관 23쪽

- 한국학 중앙 연구원 52쪽, 162쪽

- 수원 관광 122쪽

- e영상 역사관 정부 기록 사진집 92쪽

- KBS 이산가족 찾기 사이버 전시실 89쪽, 90쪽

- 한겨레 64쪽, 167쪽

- 오마이뉴스 66쪽

- 조선일보 96쪽

- AP 통신 181쪽

- 네이버 영화 정보 80쪽, 151쪽, 152쪽

- 네이버 이미지 라이브러리 36쪽

- 제주특별자치도《사진으로 보는 제주역사1》 75쪽
- 전쟁 기념관《아! 6.25, 끝나지 않은 전쟁》 62쪽
- 서울 역사 박물관《1950 서울: 폐허에서 일어서다》 83쪽, 94쪽
- 박상서《한국전쟁과 대중가요, 기록과 증언》책이있는풍경 67쪽, 150쪽
- 김한종 17쪽, 27쪽, 33쪽, 95쪽, 104쪽, 123쪽, 174쪽, 177쪽

도서출판 책과함께는 이 책에 실은 모든 도판 자료의 출처와 저작권자를 찾아 허락을 받고자 노력했습니다. 허가를 받지 못한 일부 도판은 저작권자가 확인되는 대로 사용 허가를 받고 일반적인 사용료를 지불하겠습니다.

지도·그림 **임근선**
서울시립대학교에서 시각디자인을 공부했으며, 지금은 여러 책에 그림과 지도를 그리고 있습니다. 이 책을 보는 어린이들이 우리 역사와 유적을 좀 더 쉽게 이해하고 자랑스럽게 여기기를 바라는 마음으로 작업했습니다. 그동안 그린 책으로는 《손에 잡히는 사회 교과서: 지형과 생활》, 《살아있는 지리 교과서》, 《똑똑한 지리책》, 《어린이를 위한 지도로 보는 한국사》, 《어린이를 위한 지도로 보는 한국사》, 《서울 골목의 숨은 유적 찾기》 등이 있습니다.

한국 전쟁의 여섯 가지 얼굴

1판 1쇄 2021년 6월 25일
1판 2쇄 2022년 10월 14일

글 | 김한종
지도·그림 | 임근선

펴낸이 | 류종필
편집 | 박병익
마케팅 | 이건호
경영지원 | 김유리
디자인 | 석운디자인

펴낸곳 | (주)도서출판 책과함께
　　　　주소 (04022) 서울시 마포구 동교로 70 소와소빌딩 2층
　　　　전화 (02) 335-1982
　　　　팩스 (02) 335-1316
　　　　전자우편 prpub@daum.net
　　　　블로그 blog.naver.com/prpub
　　　　등록 2003년 4월 3일 제2003-000392호

이 책의 저작권은 지은이 김한종, 그린이 임근선, (주)책과함께에 있습니다. 이 책의 내용을 이용하려면 저작권자와 출판사에게 모두 서면동의를 받아야 합니다. 잘못된 책은 구입하신 서점에서 바꾸어 드립니다.

ISBN 979-11-91432-07-7　73910